CW00369602

Ana Isabel Sanz García

LAS DROGAS

ACENTO
EDITORIAL

Diseño de cubierta: Alfonso Ruano / Pablo Núñez

© Ana Isabel Sanz García, 1999
© Acento Editorial, 1999
   Joaquín Turina, 39 - 28044 Madrid

Comercializa: CESMA, SA - Aguacate, 43 - 28044 Madrid

ISBN: 84-483-0463-2
Depósito legal: M-23963-1999
Preimpresión: Grafilia, SL
Impreso en España / *Printed in Spain*
Huertas Industrias Gráficas, SA
Camino Viejo de Getafe, 55 - Fuenlabrada (Madrid)

ÍNDICE

INTRODUCCIÓN

Pocos temas siguen ocupando tanto espacio en los medios de comunicación como el de las drogas. Aunque, casi siempre, con un mismo enfoque: el sensacionalista, asociado a la criminalidad, a las intervenciones policiales, a las muertes que producen directa o indirectamente... La conclusión resulta indefectiblemente maniquea: la droga (las drogas) es mala; hay que perseguir y castigar a productores, traficantes, a los consumidores...

Mientras limitamos el enfoque a esta perspectiva, el número de personas que recurren a diversas sustancias más o menos tóxicas aumenta, la facilidad con que se accede a ellas también, los «escarceos» con làs pastillas o el alcohol se producen a edades progresivamente más tempranas. La realidad ha cambiado sustancialmente: hablar hoy de drogas ya no consiste en referirse a la heroína, a delincuentes y al submundo que el tráfico genera, sino a jóvenes «normales» (o adultos) que salen de «marcha» el fin de semana y beben hasta emborracharse, se «colocan» con pastillas, «canutos» o cocaína, o simplemente fuman durante la mayor parte de la vida. Esas personas no encajan ya con la imagen tétrica del «drogata» que atraca para conseguir la dosis de la que depende. Sin embargo, la percepción del tema, lo que cada uno de nosotros evoca cuando pensamos en las drogas, no se ha modificado sustancialmente.

Cada vez son más las cuestiones problemáticas que surgen en torno al tema del abuso de sustancias, y no admiten respuestas en «blanco» o «negro», en términos de «bueno» o «malo». Es más, muchas de las preguntas que cabe formularse se quedan en eso, en cuestiones ante las que no es fácil adoptar una postura coherente y basada en argumentos claros en lugar de prejuicios.

Esta monografía pretende, ante todo, aportar información que quiere ser objetiva y puntos de vista diversos, a partir de los cuales el lector pueda construir sus propias posiciones. A pesar de la intención de partida, no ha resultado fácil mantener la ecuanimidad en la exposición. El destinatario de lo escrito podrá filtrar los posibles sesgos que encuentre, completando esta panorámica con otras fuentes.

Sería imposible y pretencioso querer abarcar la complejidad del tema en pocas páginas. Más bien, lo que se ha intentado ha sido ofrecer una visión amplia, aunque indudablemente sintética, de las múltiples facetas que abarca la cuestión. Desde lo social a lo legal, pasando por lo biológico-médico. Se ha dedicado una atención especial a los aspectos preventivos y educativos porque, sin duda, poseen una relevancia fundamental. Creo que los tabúes o el silencio no constituyen buenas estrategias para afrontar los riesgos. Los jóvenes no «coquetearán» menos con unas u otras drogas en función de la supuesta ignorancia de su existencia; tampoco les ayudará el miedo irracional. Quizá sí les ayude la reflexión, adecuadamente guiada, acerca de conocimientos y argumentos concretos. Eso es lo que esta guía querría proporcionarles a ellos y a los adultos que tienen cerca.

1

UNA CUESTIÓN MUY HUMANA

La utilización de sustancias modificadoras del estado psíquico (psicoactivas) se halla presente en la mayoría de las culturas humanas. Existen restos neolíticos, de hace aproximadamente seis mil años, que evidencian el uso del cannabis por parte de pueblos del noroeste asiático. Además se sabe que, desde la antigüedad, se consumía té en la India, China y Japón; en Asia Menor, el café; en África, la nuez de cola; en Suramérica, el mate; en Centroamérica, el cacao. Los egipcios tomaban la buza (cerveza de cebada); los mejicanos y mayas, el pulque (obtenido del magüey); los incas, la chicha (resultante de la fermentación del maíz mascado). En las regiones del sur de Europa era habitual el consumo de vino, mientras que en Europa septentrional ha sido tradicional el de vodka y de whisky... De hecho, el consumo de la mayor parte de las drogas que hoy conocemos tiene una larga historia, aunque ha ido cambiando de características y de consideración social a través de los siglos.

Panorama histórico de la evolución del consumo de algunas drogas

Cannabis

• Se conoce y consume desde la antigüedad: en China, ya se utilizaba con fines medicinales en el siglo III a. C.; en la India se empleaba en ceremonias religiosas... Su utilización con fines terapéuticos está extendida en Oriente y África.

• En Occidente, lo emplearon en el siglo XIX artistas como Baudelaire, Gautier, Hugo (constituían el *Club des Haschichiens).*

• Ya en el siglo XX, su consumo se limitó durante tiempo a las clases sociales más humildes y marginales (en Estados Unidos, inmigrantes mejicanos, negros...).

• A partir de los años veinte, se incrementó la represión y se difundió una imagen que la asociaba a la delincuencia y la marginación.

• A mediados de la década de los sesenta resurgió su consumo como expresión de rebeldía, símbolo de toda una generación caracterizada por la actitud de protesta contra el sistema.

• Su consumo creció sin parar hasta finales de los setenta, estabilizándose a partir de entonces.

Opiáceos

• El opio, extraído de la amapola *Papaver somniferum,* ha sido empleado durante miles de años por egipcios, árabes y griegos con fines curativos (se menciona ya en escritos del año 2000 a. C.): primero como antidiarreico y, posteriormente, como potente analgésico, somnífero y en dolencias diversas.

• Paracelso recurrió al opio para anestesiar a sus pacientes. En ese momento, era una sustancia extremadamente cara, cuyo uso sólo estaba al alcance de las clases privilegiadas, hecho recogido en obras literarias de la época (de Cervantes, Shakespeare, Molière...).

• Durante los siglos XVIII y XIX se extendió su utilización por Inglaterra. Entonces se consumía fumado y en soluciones como el láudano. En 1821, Thomas de Quincey publicó una obra ya clásica, *Las confesiones de un comedor de opio*, en la que describía los placeres y las miserias de la adicción a este narcótico.

• A principios del siglo XIX se sintetiza uno de los principales derivados del opio, la morfina. La aparición de esta molécula, así como el abaratamiento del opio, hacen que la utilización de éste quede restringida a las clases obreras.

• El opio llega a Estados Unidos a través de los trabajadores chinos emigrados a mediados del siglo XIX. El consumo de opio no se percibió como problema hasta 1870, cuando, al surgir problemas de paro, se alegó la utilización de esta sustancia para discriminar a los emigrantes chinos. A partir de entonces, las restricciones aumentaron progresivamente, hasta su prohibición en Estados Unidos en el año 1914 (Acta Harrison).

• Se extiende el consumo de morfina, cambiando radicalmente su trascendencia a partir de que —en 1853— se introdujera la aguja hipodérmica.

• La adicción a la morfina se generaliza tras las guerras de mediados y finales de siglo (la guerra civil americana, la francoprusiana), debido a la utilización generalizada por los cirujanos.

• La heroína, sintetizada por Bayer a finales del siglo XIX, fue considerada por los científicos más segura y eficaz que la morfina durante años. Hacia 1930 se documentó su carácter adictivo y los síntomas producidos por la abstinencia.

• Tras la Segunda Guerra Mundial, y particularmente desde 1970, se ha convertido en el símbolo por excelencia de los efectos perniciosos de las drogas.

Cocaína

• Los incas masticaban desde épocas antiguas las hojas de coca con fines religiosos y en los estratos sociales elevados.

• Al llegar a América, los europeos constatan los efectos euforizantes de esta práctica.

• En 1860 se aísla la cocaína, principal componente de las hojas de coca.

• Desde ese momento se emplea ampliamente con fines curativos (como anestésico local, antiinflamatorio, antigripal, en el tratamiento de la dependencia a la morfina) en múltiples presentaciones: ungüentos, polvos, pastillas, supositorios, cigarrillos... Sigmund Freud estudia a fondo las propiedades terapéuticas de la sustancia, concibiéndola como útil en la depresión, el alcoholismo... y llega a experimentar él mismo sus efectos, que describe en un libro.

• También recibe otros usos no estrictamente medicinales, como tónico euforizante. En 1885, John Styth introduce el vino francés de coca y al año siguiente inventa el refresco Coca-Cola, a base de cocaína y cafeína.

• En 1890, se comprueba el potencial adictivo de esta sustancia y se empieza a cuestionar su efectividad a raíz de la aparición de diversas complicaciones asociadas a su uso.

• Sin embargo, su empleo

persiste y se hace popular, aumentando en los estratos sociales medios-bajos. Por ejemplo, en la Coca-Cola se siguió empleando hasta 1903, promocionándose incluso como remedio para la resaca alcohólica.

• Progresivamente pierde popularidad y comienza a asociarse con delincuencia y marginalidad. En 1914, el Acta Harrison instaura controles extremadamente rígidos sobre su venta y consumo en Estados Unidos.

• Vuelve a popularizarse en los años setenta, al aumentar las restricciones sobre las anfetaminas. Entre 1976 y 1982 su consumo se extiende hasta adquirir magnitudes epidémicas, coincidiendo con la disminución de su precio. Paralelamente, cambian las características de los consumidores y de las formas de empleo (sobre todo en las clases privilegiadas).

• En 1985 se introduce el *crack,* cuyo consumo se extiende rápidamente en Estados Unidos (no en España) por la facilidad de su modo de consumo.

Anfetaminas

• Son drogas sintetizadas en laboratorio, aunque en la naturaleza se han descubierto sustancias con estructura prácticamente idéntica, en concreto las hojas de *khat,* masticadas desde hace siglos por tribus de África.

• Se fabrican por primera vez en 1887, aunque su utilización no se inicia hasta 1927, con fines terapéuticos: en la narcolepsia, como descongestivos y sobre todo para disminuir el apetito.

• El abuso comienza tempranamente. En 1930, la benzedrina se expendía sin receta, y, durante la Segunda Guerra Mundial, los soldados de los diferentes ejércitos consumían anfetaminas para superar la fatiga y el desánimo.

• El uso sin controles prosiguió tras la guerra. Durante bastante tiempo, su consumo se limitó a determinados grupos minoritarios (artistas, delincuentes), pero a partir de la década de los cincuenta se generalizó a los ejecutivos, amas de casa, estudiantes...

• En España, por ejemplo, se utilizaban mucho en tratamientos contra la obesidad, con notable tendencia a la automedicación, y en la hiperactividad infantil. La utilización terapéutica se mantuvo a pesar de conocerse el riesgo asociado.

• Entre los años sesenta y principios de los setenta, el consumo se disparó, despertándose la alarma. Se prohibió su uso, limitándose también en el campo de la medicina, hasta desaparecer casi totalmente.

• A finales de los ochenta y en la década de los noventa, ha crecido nuevamente el consumo clandestino, sobre todo en la población adolescente.

Ante la constancia espacial y temporal de la presencia de las drogas se han generado teorías que postulan la existencia de una tendencia a la búsqueda de estados alterados de conciencia, que se mifestaría de diversas formas a lo largo de la vida (incluso en ciertos juegos infantiles), y no únicamente a través del consumo de productos químicos. Sin embargo, se detectan diferencias claras entre la forma en que se empleaban las drogas en las sociedades tradicionales y la que tiene lugar en las industrializadas, asociada al complejo fenómeno de las drogodependencias.

1.1 Las drogas a través de la historia

1.1.1 Las drogas en las sociedades tradicionales

La presencia de las drogas en las culturas primitivas se asocia a funciones concretas, similares en los distintos ámbitos geográficos, a pesar de que en cada lugar se utilizara única o preferentemente una determinada sustancia, en concreto aquella que se conocía mejor y a la que se estaba más habituado (el opio en China, el cannabis en la cultura islámica, el tabaco en América —y más tarde en Europa—, África y Asia por efectos del colonialismo, las plantas alucinógenas en América Central, el alcohol en las culturas mediterráneas, etc.).

Quizá el sentido principal del uso de drogas en estas sociedades era el religioso. Las drogas se vincularon íntimamente con el chamanismo. Esta práctica de carácter mágico-religioso, con múltiples variantes según las culturas, pretendía resolver los problemas del individuo o de la comunidad a través de la comunicación con lo sagrado, hecho que ocurría por la mediación de un sujeto capacitado para establecer dicho contacto. Los alucinógenos (por ejemplo, el peyote), el tabaco o el cannabis permitían alcanzar el estado de trance o de éxtasis requerido para lograr acceder a lo trascendente. El alcohol también tenía vínculos evidentes con aspectos religiosos en épocas anteriores a Cristo (recuér-

dense los ritos griegos en honor de Dioniso), que se han mantenido dentro de la tradición cristiana en el sacramento de la comunión y en múltiples simbolismos místicos. En cualquier caso, la experiencia obtenida a través de las diferentes sustancias se hallaba rigurosamente codificada por las creencias de cada cultura, recogidas en mitos según los cuales las distintas drogas habrían sido entregadas directamente a los seres humanos por una divinidad.

La aplicación terapéutica de las drogas se superponía a la función religiosa, dada la concepción que sobre la enfermedad desarrollaron las culturas más antiguas, en la cual el componente mágico-religioso ocupaba un lugar fundamental. El chamán, gracias al trance inducido por la sustancia consumida, creía poder diagnosticar el mal que aquejaba al individuo.

Además, la droga se empleaba por su propio efecto curativo. De tal forma, el tabaco, por ejemplo, se usó para disminuir el apetito en ciertas culturas americanas; más tarde, al ser conocido en el Viejo Mundo, se aprovecharon sus propiedades antisépticas, y en África se aplicó como remedio para problemas digestivos, en la curación de la malaria, etc. En este terreno, conviene detenerse en el caso del cannabis, que ha tenido amplia difusión, tanto en la medicina oriental como en la occidental. Las alusiones a su potencial terapéutico se remontan a las más antiguas farmacopeas chinas, en las cuales se reconoce su valor como anestésico. En otras culturas asiáticas ha tenido importantes aplicaciones medicinales, y los «padres» de la medicina occidental, concretamente Galeno, destacaron igualmente sus efectos sobre el dolor y las afecciones psíquicas. La presencia del cannabis en la farmacología occidental se ha mantenido hasta el siglo XX, suscitando fuertes controversias no resueltas todavía, que mantienen su vigencia como suscitando controversias científicas y, en general, sociales.

Por último, el empleo de drogas constituía la base de múltiples rituales, en los que se entremezclaba lo profano y lúdico con lo sagrado. Baste recordar la función de la pipa de la paz en las tribus indias, que constituía la forma de sellar una alianza, a la que se dotaba así de carácter sacro.

De acuerdo con la funcionalidad que las drogas poseían dentro del entorno cultural, su utilización se hallaba estrictamente reglamentada por las creencias que regían la comunidad. Era característico, por ejemplo, que la juventud no tuviera acceso a su consumo. Además, éste quedaba, generalmente, limitado a determinadas clases sociales. Las restricciones solían afectar también al momento en que se empleaban, a la vía de administración y a la dosis utilizada.

En conjunto, en la forma tradicional de consumo de drogas destaca el carácter grupal. Tanto las normas de empleo como la experiencia que producían dichas sustancias se hallaban amparadas por las creencias colectivas. A su vez, la utilización de las mismas servía como elemento de cohesión social y constituía una de las vías por las que el individuo se integraba en su entorno sociocultural.

1.1.2 Las drogas en la sociedad contemporánea

En las dos últimas décadas, las drogas se han convertido en parte de la vida cotidiana en los países desarrollados. El uso —y, frecuentemente, el abuso— de diferentes sustancias ha pasado a ser un hábito relativamente bien aceptado socialmente, sobre todo en la década de los años setenta y ochenta. Ciertos valores y actitudes hedonistas (disfrutar el momento, vivir para uno mismo o facilitar los contactos interpersonales superficiales) constituyen un buen «caldo de cultivo» para la permisividad existente. Las drogas son consumidas por gente admirada y con gran proyección social: artistas, literatos, políticos, incluso atletas... Además, las drogas han sido referencia frecuente en diferentes manifestaciones culturales: películas, creaciones literarias, canciones, etcétera.

Actualmente, puede afirmarse que el consumo de drogas y su modalidad más grave —la dependencia—, han adquirido dimensiones epidémicas. Pero lo que sucede no sólo se caracteriza por el aumento cuantitativo del fenómeno, sino también por diferencias cualitativas:

• Los medios de producción, distribución y comercialización son infinitamente mayores. Posiblemente, la desaparición de barreras geográficas para la difusión de las drogas constituya uno de los principales desencadenantes de la expansión actual del consumo de drogas.

• La variedad de drogas al alcance de la población aumenta sin cesar.

• La permisividad social ante su uso todavía es importante, motivo por el cual el contacto con las drogas resulta frecuente, casi cotidiano. Esta circunstancia facilita, además, que se acceda fácilmente a cualquiera de ellas.

• La consecuencia lógica de todo ello es el incremento de la frecuencia de los casos de toxicomanías.

• Los problemas de adicción no se limitan a los barrios deprimidos ni a personas de estratos marginales. Los sujetos con problemas derivados del consumo de alcohol, tranquilizantes, cocaína... se identifican con más dificultad incluso por parte de los profesionales sanitarios.

El modelo consumista imperante en las sociedades industrializadas se caracteriza por que la droga deja de ser un medio para convertirse en fin en sí misma. La regulación puramente económica sustituye al control ejercido por el sistema de valores de la colectividad. Las drogas se convierten en mercancía y, consecuentemente, en objeto de especulación e instrumento de dominio. La dinámica de su uso obedece a la ley de la oferta y demanda (esta última, cuidadosamente controlada por los productores o vendedores). El trasfondo económico real permanece, sin embargo, oculto en gran medida, y, por ejemplo, para los jóvenes el consumo de drogas funciona como expresión de rebeldía frente a las normas establecidas, vivenciándose este comportamiento como afirmación de libertad del individuo en cuanto así se automargina del engranaje del sistema.

1.1.3 ¿En qué se traducen las diferencias entre ambas pautas de consumo?

La transición entre una y otra actitud ante la droga puede producirse de forma solapada, asentándose la que hemos llamado consumista sobre una de las características tradicionales. Un ejemplo próximo lo tenemos en lo sucedido en España con el alcohol. Su consumo ha sido práctica corriente, integrada, mal que bien, en nuestro esquema social mientras existieron ciertos patrones culturales reguladores de su utilización. La desaparición progresiva de éstos, unida a factores económicos y sociales, ha propiciado que aumente la incidencia del alcoholismo, convirtiendo esta enfermedad en un auténtico problema sanitario y social.

De la comparación histórica se pueden obtener varias e interesantes consecuencias. Las toxicomanías o drogodependencias no pueden entenderse como consecuencia directa ni exclusiva de la acción farmacológica de las sustancias que llamamos drogas, sino que dicho fenómeno se produce en función del contexto cultural en que se utilizan, y que determina, a su vez, toda una serie de parámetros:

- quién usa ese producto;
- en qué circunstancias;
- por qué vías;
- con qué motivaciones o expectativas, etc.

Sólo del análisis conjunto de todas esas variables podrá derivarse una aproximación no falseada a la realidad del consumo/abuso de drogas. La importancia de los factores culturales alcanza tales extremos que puede modificar incluso los efectos farmacológicos de una determinada sustancia. Igualmente, el estudio histórico-antropológico no manipulado por tintes moralistas ni fanatismos con tintes apocalípticos ayudará a matizar la justificación y mitificación de su empleo y de ciertos hábitos relacionados, defendidas por determinados sectores en función de comparaciones con otras culturas diferentes a las modernas.

En último término, la aproximación al consumo de drogas en otras culturas nos permite relativizar el concepto de lo que es o no droga, *calificación que depende más del uso y de la calificación social que se hace de una determinada sustancia que de las propiedades farmacológicas de la misma.* Esta circunstancia induce a cuestionar la validez de las clasificaciones tradicionales (por ejemplo, la que las divide en drogas duras y blandas, o legales e ilegales), ya que la mayoría se establece en función de criterios de naturaleza heterogénea, en los que se mezclan consideraciones farmacológicas con otras sociales.

1.2 Percepción social del consumo de drogas

El afrontamiento social, político, sanitario, legal o educativo del tema «drogas» se establece en función de variables científico-técnicas y de la percepción social.

La experiencia técnico-sanitaria ha puesto en evidencia una serie de hechos significativos que se han ido produciendo en los últimos años:

- Los elevados índices de enfermedades y muertes entre la población adicta: infecciones debidas al virus de la inmunodeficiencia humana, al de la hepatitis B y C, y al bacilo de la tuberculosis; muertes por sida o por sobredosis.
- La diversidad del colectivo de personas adictas a las diferentes sustancias.
- El desánimo originado por los escasos resultados obtenidos por los planteamientos terapéuticos centrados en el objetivo de mantener la abstinencia absoluta.

Al margen de tales observaciones, la visión social se caracteriza por la parcialidad y la rigidez. Parcialidad porque no se fundamenta en datos contrastados, sino sesgados o, incluso, distorsionados por los intereses de determinados grupos, los cuales se canalizan a través de los medios de comunicación, cuya información proviene, a su vez, de fuentes policiales. La rigidez se debe a que la opinión social parece adscribirse a criterios morales y, por ese motivo, inmodificables por las evidencias aportadas por la investigación.

La sociedad y las instituciones han tendido desde principios de siglo a polarizar sus posturas en el tema de las drogas en torno a dos propuestas de orientación contraria:

• La americana, que inició una especie de cruzada o guerra contra las drogas y movilizó a la opinión mundial hacia el control a través de la represión de la comercialización y la prohibición del consumo.

• La del sistema británico, que estableció, en 1926, que toda persona que no pudiera realizar su actividad diaria normal por un problema de toxicomanía tenía derecho a recibir la sustancia a la que era adicta durante todo el tiempo que precisara. Semejante declaración de principios se ha traducido, por ejemplo, en que en Inglaterra todavía se prescriban puntual y controladamente sustancias como heroína, anfetaminas, etc.

De estas dos posiciones, la que se ha impuesto claramente ha sido la introducida por Estados Unidos. La manera en que los individuos y la sociedad en conjunto «juzgan» el fenómeno de las drogas permite entender la orientación de las iniciativas que se adoptan. Por este motivo, planteo a continuación

los diferentes modelos teóricos que se han propuesto para sistematizar la apreciación de la cuestión [1]. Todos ellos cuentan con aspectos válidos y con limitaciones. En cualquier caso, resultaría una práctica interesante que el lector se cuestionara sus ideas y juicios previos, analizando los argumentos y alternativas contenidas en cada modelo.

Modelo jurídico-represivo

Parte de que la droga resulta siempre dañina. A su vez, la persona consumidora se considera la víctima a la cual se debe proteger. La prevención consiste en que las drogas calificadas de ilegales queden fuera del alcance de la gente, para lo que se recurre a medidas legislativas relacionadas con la producción y venta de estos productos químicos, la posesión de los mismos y, en ciertas circunstancias, del material e instrumental precisos para su consumo. Todo ello repercute en la aparición de un mercado clandestino en el que los precios se disparan, así como en la criminalización del consumidor, que suele delinquir para hacer frente al encarecimiento de la sustancia que busca. A continuación, surge como respuesta casi inmediata la reacción airada de la población afectada por el aumento de la delincuencia, y la petición de mayor protección y atención institucional al problema para restablecer la «tranquilidad». Estas pe-

[1] VEGA, A. (1992): «Modelos interpretativos en la problemática de las drogas», *Revista Española de Drogodependencias*, 14, 4: 221-232.

ticiones se formulan principalmente a los profesionales, relacionados con la ley —jueces y policías—, que son considerados como los más aptos para lograr los objetivos que se pretenden. Como crítica a este enfoque, cabe reseñar la constatación práctica de que este enfoque propicia un mayor número de adictos, un mercado negro de importantes proporciones y la organización de mafias alrededor del mismo.

Modelo médico-sanitarista

Aborda las drogodependencias siguiendo el esquema correspondiente a las enfermedades infectocontagiosas. Se tienen en cuenta sobre todo las consecuencias de la sustancia adictiva sobre la salud de la persona. A su vez, el drogodependiente se considera un enfermo que necesita, ante todo, atención de los profesionales sanitarios. Como respuesta se ponen en práctica medidas dirigidas a la identificación y contención de los consumidores para impedir que «infecten» a otras personas.

Se pretende diagnosticar y tratar a los afectados y «vacunar» informativamente sobre los riesgos que conlleva el consumo de estas sustancias. En conjunto, lo biológico prima sobre lo psicológico y lo relacional. Este modelo y el anterior fueron las primeras respuestas ante las drogodependencias a principios de los años ochenta. Por ello, en algunos casos se engloban en la denominación común de modelo farmacológico-represivo.

Modelo psicosocial

Parte de considerar que lo que se manifiesta como drogodependencia emerge como resultado de la interacción de varios grupos de factores: las sustancias psicoactivas, la personalidad y las condiciones biológicas del sujeto y el contexto sociocultural en que éstas confluyen. Además del sustrato biológico, se reconoce el papel del individuo y su entorno, tanto en los efectos experimentados con una sustancia como en el mantenimiento de la adicción. Esta hipótesis contempla a la persona como el elemento clave en la cuestión de las drogas. El consumo de éstas sería un comportamiento dirigido a satisfacer necesidades no atendidas. El drogodependiente es, por tanto, un inadaptado, y la toxicomanía un síntoma de tal desajuste. Las medidas de tratamiento o prevención atienden aspectos diversos (médicos, psicológicos, sociológicos...) con medidas que, en lugar del castigo, apuntan a intervenciones de carácter positivo; por ejemplo, la creación de marcos donde se satisfagan ciertas necesidades sin recurrir al uso de drogas.

Modelo sociocultural

Entiende que la dinámica del uso de las drogas está determinada, no por las propiedades farmacológicas de éstas, sino por la forma en que una sociedad define su consumo y reacciona ante los consumidores. Más allá de los factores psicológicos y sociales, este modelo enfatiza las condiciones socioeconomicas y ambientales en que surge esta conducta. La pobreza, la discriminación, el analfabetismo, la carencia de vivencia digna, la urbanización o la industrialización sin planificación constituyen el caldo de cultivo idóneo para el desarrollo de condiciones personales que inclinan al consumo y abuso de drogas.

Finalmente, la drogodependencia se produce como consecuencia de la interacción entre la disponibilidad de una droga y la fragilidad personal. El drogodependiente se convierte, desde esta perspectiva, en el «chivo expiatorio» de una sociedad en la que de por sí se ha implantado una «cultura de las drogas», que abarca más que el consumo de tóxicos. Dicha actitud ante la existencia implica que las personas «necesitan» el empleo de sustancias para modificar su conciencia, aliviar el dolor o mitigar ciertos trastornos o limitaciones. Desde este paradigma se proponen medidas de intervención encaminadas a crear otra cultura tendente al autocontrol y la abstinencia como parte de un proyecto de maduración personal. Entre las condiciones y estrategias para alcanzar tales objetivos, algunos autores [2] proponen las siguientes medidas (sobre las que cada lector puede reflexionar para valorarlas críticamente):

1. Generar una cultura positiva de la droga que tolere sin hipocresías o fanatismos radicales la realidad del consumo y las dificultades del consumidor.

2. Legalizar con prudencia y control los productos menos adictivos.

3. Ofrecer a los adictos las dosis necesarias, bajo supervisión médica y regulación por parte de organismos públicos.

4. Informar veraz y objetivamente, sin miedo.

Modelo geopolítico-estructural

Pretende superar la visión parcial e individualista de los modelos anteriores. Otorga una nueva dimensión al problema, pues lo entiende como un fenómeno con causas múltiples: económicas, sociales, políticas, culturales, sanitarias, etc. Contempla varios elementos, cuya interacción dinámica convierte la oferta (tráfico) y demanda (consumo) en unidad dual indivisible en la que intervienen:

a) El traficante, que constituye el «empresario» de una lucrativa industria transnacional protegida en gran medida por el contexto socioeconómico.

b) Las drogas (para las que no habría que hacer distinciones entre drogas legales e ilegales), «mercancía» en torno a la cual se generan complejas relaciones sociales.

c) El consumidor de drogas, protagonista y a la vez víctima pasiva de un mecanismo complejo del que únicamente representa el último eslabón, y también el más castigado.

d) El contexto, que comprende no sólo el ambiente individual, familiar y comunita-

---

[2] LAMO DE ESPINOSA, E. (1983): «Contra la nueva prohibición: los límites del derecho penal en materia de tráfico y consumo de estupefacientes», en *Boletín Informativo del Ministerio de Justicia*, 1.303.

rio, sino la sociedad en su conjunto, estructura multidimensional con actitudes cambiantes y contradictorias hacia las drogas.

1.3 ¿Por qué consumimos drogas?

Sintetizando las reflexiones e hipótesis de los modelos expuestos en el apartado anterior, se puede concluir que en el consumo y la adicción a las drogas influyen factores diversos, que es posible agrupar en tres niveles.

Factores que intervienen en el consumo/abuso de drogas

Factores sociales

Valores y actitudes sociales, familia, grupo de amigos, escuela.

Factores individuales

Personalidad, imagen física, conducta, valores, herencia, actitudes.

Factores del tóxico

Potencial adictivo, vías de consumo, pautas de consumo.

A continuación me referiré a los individuales y sociales, dejando los relacionados con la sustancia para el próximo capítulo.

1.3.1 Factores individuales

En muchas de las investigaciones que se han llevado a cabo sobre toxicomanías se ha intentado establecer el «retrato robot» de una hipotética «personalidad toxicómana». Pero, si bien se han explorado diversas propues-

tas, los resultados obtenidos sugieren que no existe dicha forma de ser. No obstante, se han identificado determinados rasgos relacionados con una mayor vulnerabilidad y a los que, por tanto, se debería prestar especial atención:

• La autovaloración negativa y la escasa aceptación de uno mismo.
• Los sentimientos de inferioridad y/o inseguridad.
• La tendencia a huir de los conflictos.
• La baja tolerancia a la frustración.
• La búsqueda de soluciones inmediatas a los problemas y la impulsividad.
• La dificultad para establecer relaciones interpersonales.

También deberían considerarse una señal de aviso ciertas actitudes y valores:

• La ausencia de respeto hacia sí mismo y hacia su cuerpo;
• La desilusión ante la visión negativa del futuro;
• La sobrevaloración del consumo como fuente exclusiva de gratificación;
• La percepción utilitarista y economicista de la vida;
• La desvalorización de los grupos sociales y de sus normas;
• La carencia de interés por temas éticos y morales.

Un valor similar o incluso superior tienen las influencias de los diversos grupos en los que se integra la persona, así como la edad. Los estudios disponibles han detectado que las edades críticas para el inicio del consumo se sitúan entre los quince y los diecinueve años, aunque es posible que, actualmente, haya que rebajar estos límites y concentrar la atención en períodos más tempranos.

La predisposición genética está empezando a emerger como factor importante para comprender el desarrollo de las toxicomanías. A partir de ciertas investigaciones, se ha planteado la posibilidad de que algunos adictos a opiáceos puedan tener un sistema de recompensas con un funcionamiento anómalo, que tratarían de corregir con el consumo de drogas que estimulen dichos circuitos neurológicos. En el caso del alcoholismo, existen pruebas consistentes de que los bebedores descendientes de personas alcohólicas tienen mayor probabilidad de desarrollar la enfermedad que el resto de la población.

1.3.2 Factores familiares y sociales

No podemos afirmar que las familias problemáticas o conflictivas favorezcan por sí mismas la aparición del consumo de tóxicos. Sin embargo, ciertas características, conductas y actitudes familiares influyen negativamente; por ejemplo:

• Desestructuración, es decir, la ausencia de miembros significativos, la violencia o los malos tratos.
• Actitudes excesivamente permisivas o, por el contrario, muy rígidas y autoritarias.
• Contradicciones evidentes entre ambos padres en la educación de los hijos.
• Inmadurez de los miembros en las manifestaciones afectivas y en las relaciones interpersonales.
• Frustración reiterada de las iniciativas de los jóvenes.
• Consumo de alcohol y tolerancia respecto a la utilización de las drogas llamadas «blandas».

El estrato socioeconómico resulta otro factor importante. Contrariamente a los esquemas vigentes, el uso de drogas se incrementa en los sectores con mayores recursos económicos y mejor formación. Semejante hecho cuestiona la relación que pueda existir entre paro, marginación y drogadicción. Por el contrario, existe una proporción superior de toxicómanos en los sectores más pobres, hecho que podría interpretarse como signo de mayor propensión a la dependencia en los colectivos menos favorecidos.

Las actitudes sociales de aceptación o de rechazo desempeñan un papel muy importante, determinando, por ejemplo, el momento en que un individuo comienza a consumir una determinada droga; por ejemplo, los cigarrillos. Esta influencia suele denominarse «presión de grupo». Cuando una sustancia no es popular, la tendencia individual disminuye y las restricciones de su utilización se aceptan mejor. Por ejemplo, a medida que la información sobre los peligros del tabaco se afianza, menos gente fuma, y cuanta menos gente fuma, se consolida un cambio actitudinal que provoca que, posteriormente, las prohibiciones hallen menor resistencia. No obstante, para ciertos grupos estos factores no tienen relevancia, pues se autolimitan el consumo por poseer reglas morales muy estrictas. En el otro extremo, se hallaría otro sector que rechaza sistemáticamente las normas sociales y viola cualquier prohibición.

Según la teoría del aprendizaje, una droga, como cualquier otro estímulo, ve reforzada su influencia al convertirse en instrumento de relación con otras personas. Si el sujeto tiene, además, necesidades, carencias afectivas, madurativas, etc., en su entorno y suple estos vacíos con las interacciones que le procura el consumo, tenderá a recurrir una y otra vez a este hábito.

Sin embargo, ninguno de los aspectos señalados arriba tiene la categoría de causa del fenómeno. Son únicamente factores parciales, que además no son inmutables, ya que su repercusión varía de unos contextos socioculturales a otros.

1.3.3 Consumo de drogas y juventud

Como ya se señaló anteriormente, la «edad» constituye una variable esencial, ya que una iniciación temprana en el consumo supone mayor peligro de dependencia. Domingo Comas indica que los sujetos más predispuestos a desarrollar una adicción son aquellos que entran en contacto con las drogas «legales» antes de los doce años y con las «ilegales» por debajo de los diecisiete años.

En los estudios epidemiológicos, los jóvenes ocupan un lugar importante entre los consumidores de drogas, aunque este hecho puede resultar de una distorsión debida al diseño de las investigaciones. Lo que sí parece confirmado es que los jóvenes constituyen un grupo de población que merece especial atención, pues suele ser la época de la vida en la que se tienen los primeros contactos con las drogas.

Algunos factores que favorecen el consumo juvenil de drogas

1. Que no se posea buena información sobre las consecuencias, trastornos, conflictos y alteraciones producidas por las drogas.
2. Que las primeras experiencias hayan sido positivas o gratificantes, y que el consumidor no haya sufrido ningún problema relacionado con ellas.
3. Que el consumo de una droga vincule a un grupo o permita una determinada relación social.
4. Que en el seno familiar se consuma o se sea permisivo con algún tipo de droga.
5. Que se crea que la droga es una fórmula eficaz para olvidar los problemas o una alternativa que contrarreste el aburrimiento.
6. Que el/la joven tenga conflictos en la escuela, en el barrio o en la familia.
7. Que use el consumo como forma de provocación o identificación.
8. Que la droga esté al alcance de su poder adquisitivo.
9. Que piense que él/ella puede controlar los efectos de la droga.
10. Que no se realicen actividades lúdicas (deportes, teatro, artísticas, culturales,

musicales) o que no se manifiesten intereses propios de la edad.

El período cronológico que abarca la juventud es amplio y heterogéneo, y cada tramo de edad implica un riesgo distinto. Por ejemplo, Domingo Comas [3] distingue las siguientes etapas:

• En la infancia predominan las posturas de intolerancia hacia las drogas en general.
• De los once a los trece años, el preadolescente cambia la actitud hacia las drogas, adoptando una de mayor tolerancia que le predispone (junto con otros factores) al consumo de alcohol y tabaco (así como de inhalantes); una observación interesante apunta que la permisividad en este período se correlaciona directamente con la intransigencia manifestada en la etapa anterior.
• Los catorce-dieciséis años suelen ser la época en que se inicia el contacto con el cannabis.
• El riesgo máximo de contacto con la heroína, cocaína, anfetaminas y alucinógenos se localiza en torno a los diecisiete-diecinueve años.

En 1979 se publicaban los siguientes datos: el 35 por 100 de los jóvenes de quince a diecisiete años había probado alguna droga; porcentaje que aumentaba a 46,5 por 100 en el tramo de edad comprendido entre los dieciocho y los veinte años, y alcanzaba el 47,5 por 100 entre los de veintiuno a veinticuatro años.

Un trabajo epidemiológico posterior, basado en encuestas a 1.600 jóvenes, llegaba a la conclusión de que un 34,6 por 100 había consumido esporádicamente algún tipo de droga, y que un 24 por 100 lo hacía con asiduidad, mientras un 54,3 por 100 se manifestaba totalmente en contra de su empleo. Entre las preferencias que ponían de manifiesto estas encuestas destacaba el cannabis (91 por 100), seguido a gran distancia por las anfetaminas (3,5 por 100), la cocaína (menos del 2 por 100) y LSD (aproximadamente 1,3 por 100). En la investigación no se hacía referencia al alcohol ni al tabaco. La encuesta sobre drogas realizada a la población escolar en 1996 actualiza los datos anteriores, incluyendo por fin las dos drogas legalizadas *(figura 1)*. Más allá de los estudios institucionales, cualquier adulto —docente o padre— puede interesarse por la relación con las drogas de los adolescentes que conoce recurriendo a escalas sencillas.

Cómo conocer los hábitos y preferencias de los adolescentes en el consumo de drogas

a) Fuentes de información

¿De dónde provienen los conocimientos que tú tienes acerca de las drogas?

1 De amigos; 2 De familiares; 3 De profesores, orientadores; 4 De médicos; 5 De los medios

[3] COMAS, D. (1987): *Las drogas. Guía para mediadores juveniles,* Madrid, Instituto de la Juventud.

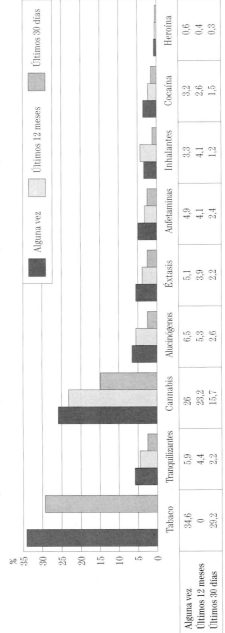

Figura 1: *Estudiantes españoles de catorce-dieciocho años que consumieron drogas en 1996*

	Tabaco	Tranquilizantes	Cannabis	Alucinógenos	Éxtasis	Anfetaminas	Inhalantes	Cocaína	Heroína
Alguna vez	34,6	5,9	26	6,5	5,1	4,9	3,3	3,2	0,6
Últimos 12 meses	0	4,4	23,2	5,3	3,9	4,1	4,1	2,6	0,4
Últimos 30 días	29,2	2,2	15,7	2,6	2,2	2,4	1,2	1,5	0,3

SUSTANCIA

FUENTE: Encuesta sobre Drogas a la Población Escolar, 1996.

23

de comunicación (televisión, radio, prensa...); 6 De tu propia experiencia; 7 De otras fuentes; 8 No tienes conocimientos acerca de las drogas.

¿A quién acudirías, en primer lugar, si quisieras preguntar algo acerca de las drogas y de sus efectos?

1 A nadie; 2 A amigos; 3 A familiares; 4 A profesores; 5 Al médico; 6 Otros.

b) Consumo de drogas: frecuencia de uso y motivaciones

a) ¿Has probado alguna vez...?

Droga	Una vez	Varias veces	Con frecuencia
Cigarrillos			X
Alcohol			
Marihuana			
Inhalables			
Tranquilizantes			
Estimulantes			
Cocaína			
Alucinógenos (LSD, hongos)			
Otras			

b) ¿Cuántos años tenías cuando probaste por primera vez...?

Droga	Menos de 12 años	De 12 a 15	Más de 15
Cigarrillos			
Alcohol			
Marihuana			
Inhalables			
Tranquilizantes			
Estimulantes			
Cocaína?			
Alucinógenos (LSD, hongos)			
Otras			

c) ¿Por qué o para qué consumes o sigues consumiendo drogas?

1. Por curiosidad; 2. Por la sensación que obtengo; 3. Porque mis amigos lo hacen; 4. Porque nadie me entiende; 5. Para relajarme; 6. Para olvidar mis problemas; 7. Para demostrar que no pueden controlar mi vida; 8. Para sentirme menos triste; 9. Para conocerme mejor; 10. Por otras razones; 11. No lo sé.

d) ¿Has tratado alguna vez de abandonar el consumo de drogas? Never

e) Si es así, ¿por qué motivos?

1. Por la dificultad de obtenerlas.
2. Porque me hacen daño.
3. Porque encontré cosas más interesantes que hacer.
4. Por presión de los amigos.
5. Por lo aprendido en la escuela.
6. Por consejo de mi familia.

7. Por prescripción médica.
8. Otros.

FUENTE: Modificado de E. Massün (1991).

La encuesta realizada en 1980 por el Ministerio de Cultura a través de CIDUR-EDIS [4] analizaba, entre otros temas, las motivaciones que impulsan a los jóvenes al consumo de drogas. Para ello establecía dos categorías de preguntas: causas que mueven al inicio del consumo y razones por las que se continúa su uso. En la primera se obtuvieron las siguientes respuestas:

• Buscar nuevas experiencias (38,7 por 100).
• Problemas personales (timidez, soledad...) (21,6 por 100).
• Atracción por lo prohibido (10 por 100).
• Mal funcionamiento del sistema educativo (5,7 por 100).
• Enfrentamiento generacional (familia, sociedad) (5,4 por 100).
• Falta de actividades juveniles recreativas (5 por 100).
• Aumento del paro juvenil (4,2 por 100).

Sobre los motivos por los que persiste el consumo se apuntaban las siguientes razones:

1. porque me gusta (18,6 por 100);
2. para estar bien (18,5);
3. para pasar todo (16,8 por 100).

Por su parte, una fuente más reciente —la memoria de 1996 del Plan Nacional sobre Drogas— constataba las siguientes tendencias:

• El alcohol y el tabaco son las sustancias generalizadas entre los jóvenes. Se observa un leve descenso en la cantidad consumida, acompañado de cambios radicales en los patrones de utilización. En el caso del alcohol se advierte que los jóvenes lo ingieren en grandes cantidades, concentradas durante los fines de semana (figuras 2 y 3), en espacios relacionados con la diversión y, frecuentemente, asociado con otras drogas.
• Ha aumentado el consumo de estimulantes (drogas de síntesis, anfetaminas, alucinógenos). Los jóvenes las utilizan esporádicamente, en momentos dedicados a la diversión.

Los jóvenes que consumen drogas son personas «normales» y no de vida marginal, habitualmente bien integrados en su entorno social. Como ya señalé antes, emplean las sustancias psicotrópicas en los espacios y momentos en que se están divirtiendo. Los jóvenes de los años noventa emplean sustancias relacionadas con la «marcha», en macrodiscotecas o locales similares. Las sustancias actúan como facilitadoras de las relaciones sociales, bien por su efecto desinhibidor o por estimular la actividad.

Es digna de destacar la importancia que el grupo ostenta en relación con el inicio del consumo juvenil. Las drogas actúan como elemento

---

[4] DIRECCIÓN GENERAL DE JUVENTUD Y PROMOCIÓN SOCIOCULTURAL (1980): *Juventud y droga en España,* Madrid, Ministerio de Cultura.

Figura 2: *Distribución semanal del consumo de alcohol, 1*

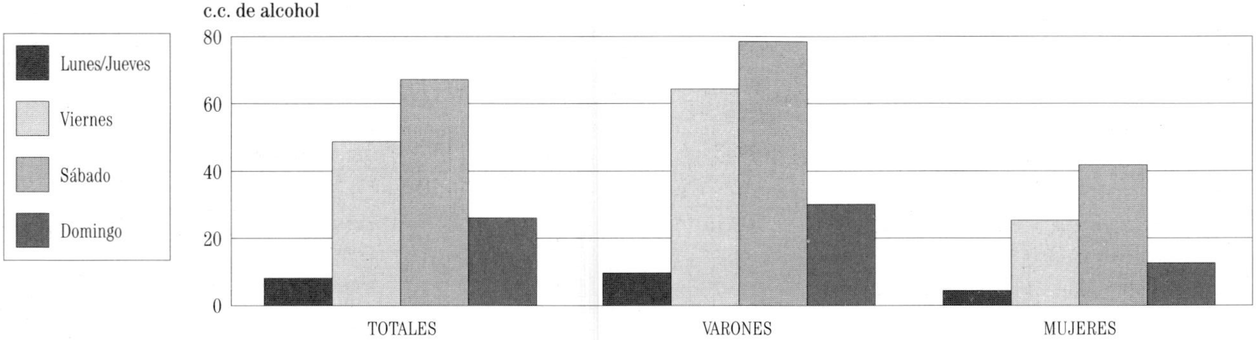

	TOTALES	VARONES	MUJERES
Lunes/Jueves	8,7	11,8	3,8
Viernes	49,5	64	26,9
Sábado	65,2	79,6	42,9
Domingo	24,3	31,2	13,7

FUENTE: COMAS, D. (1994).

Figura 3: *Distribución semanal del consumo de alcohol, II*

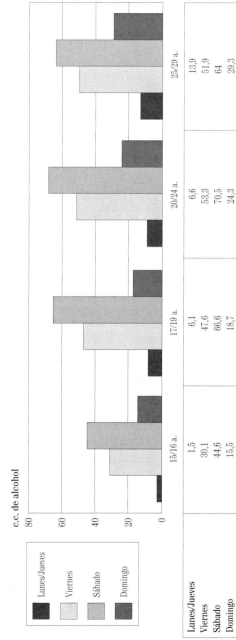

c.c. de alcohol

	15/16 a.	17/19 a.	20/24 a.	25/29 a.
Lunes/Jueves	1,5	6,1	6,6	13,9
Viernes	30,1	47,6	53,3	51,9
Sábado	44,6	66,6	70,5	64
Domingo	15,5	18,7	24,3	29,3

FUENTE: COMAS, D. (1994).

27

cohesionador, como vía de comunicación entre los jóvenes tras el fallo de otras estructuras en las que se ven rechazados o excluidos (escuela, familia...). En este sentido, el consumo de drogas adquiere el valor de mecanismo de autoafirmación frente al mundo de los adultos, que impone al joven un sistema de valores (en crisis, y por tanto contradictorio) que no le resulta funcional. Los matices de semejante actitud han evolucionado, y lo que en los sesenta era subversivo, ha dejado paso hoy al desencanto y la evasión.

Las drogas son una apuesta mental [...]
¿Por qué bebo? ¿Por qué fumo?
Para escribir poesía.
La política del éxtasis es cierta [...]
el autoengaño puede ser necesario
para la evasión del poeta [5].

El estilo de vida consumista y el sistema económico vigente dirigen y manipulan la, a veces dramática, relación de la juventud con la droga. El afán de experiencias nuevas, el empleo de las mismas de acuerdo con la moda de turno..., son las consignas que el mundo de los adultos transmite, de forma más o menos clara, a los jóvenes a través de un arma poderosa: la publicidad [6]. El llamado «espíritu de aventura» está perfectamente controlado de manera que no lesione la estabilidad de las estructuras vigentes. El joven es también un producto-proceso de esta sociedad, y como tal tiene internalizados de modo inconsciente todos los esquemas que lo convertirán en un hombre-masa.

Estos esquemas, hábilmente manipulados, actúan posiblemente como la fuente de conflicto más destacada. El joven se enfrenta a un modelo de sociedad que exalta el ocio, pero no ofrece ni los medios ni los contenidos para hacerlo gozoso; que contempla el dinero como máximo valor y, a la vez, retrasa cada vez más la incorporación al mundo del trabajo.

La asimilación de las pautas anteriores afecta y conforma la visión que los jóvenes tienen del fenómeno droga, en general tan ambigua como la de los adultos, aunque más tolerante y matizada. Los jóvenes valoran negativamente las drogas, sobre todo la heroína (opinión que parece unánime en todos los estratos de la sociedad española). Por otra parte, la edad y la formación se asocian a una menor percepción del drogadicto como delincuente y a la consideración de que hay escalas de peligrosidad en el conjunto de las drogas.

En este aspecto, con respecto a 1994, el riesgo percibido por los estudiantes ante el consumo de sustancias psicoactivas ha disminuido ligeramente para todas ellas, excepto para el éxtasis y dro-

[5] VELADA, P. (1998): «Más allá del muro», *Deskolokaos,* IES Felipe Trigo, núm. 2: 23.
[6] Ver REYZÁBAL, M. V. (1996): *La publicidad: manipulación o información,* Madrid, San Pablo.

gas similares *(figura 4)*. El grado de rechazo ante las distintas conductas de consumo también ha disminuido, excepto en el caso del alcohol *(figura 5)*. Los estudiantes siguen pensando que consumir habitualmente drogas de comercio legal causa menos problemas que el uso de otras drogas. En el caso de las sustancias ilegales, la población estudiantil establece pocas diferencias entre las distintas variantes, aunque sí discriminan entre el riesgo asociado al consumo habitual y al esporádico. En cuanto a la facilidad de acceso a las diversas drogas, las consideradas más accesibles son las de comercio legal, y el cannabis entre las de carácter ilegal. Entre 1994 y 1996 el único cambio significativo en este parámetro fue el descenso discreto de la facilidad con que piensan que pueden obtener bebidas alcohólicas y un incremento notable en la posibilidad de acceder a tranquilizantes y pastillas para dormir *(figura 6)*.

1.4 El consumo de drogas en España

1.4.1 Los comienzos

En España, la «historia» de las drogodependencias se hace patente, al igual que en otros países, al comenzar la década de los años setenta. Los derivados del cannabis (marihuana y hachís) y los alucinógenos (sobre todo el LSD) se introducen como símbolo de una nueva cultura rebelde, la contracultura.

Posteriormente, pierden el carácter subversivo para convertirse en una moda más, para unos, y en una forma de automarginación, sin propuestas de cambio, para otros.

Las cifras absolutas correspondientes a la situación actual en España han de valorarse siempre de forma relativa, ya que hay numerosos factores que pueden modificar su validez: entre ellos, la fuente de información o la forma en que se han recogido los datos. Obviando tales limitaciones, diversas encuestas y estudios coinciden en señalar que el tabaco, el alcohol, los tranquilizantes/analgésicos y los derivados del cannabis han sido las drogas más utilizadas en nuestro país. De éstas, el cannabis se distancia ampliamente del resto.

Un sondeo llevado a cabo por el Centro de Investigaciones Sociológicas, en diciembre de 1985, calculaba que un 62 por 100 de la población de quince años había fumado alguna vez y que el 88 por 100 había probado en algún momento bebidas alcohólicas. En lo referente al empleo de cannabis, se estimaba una cifra del 15 por 100. La misma encuesta calculaba la existencia de unos 144.000 consumidores de tranquilizantes sin receta médica. Otras fuentes indicaban hasta 1.200.000 consumidores esporádicos y 600.000 habituales. Un informe del Instituto Regional de Estudios de la Salud estimaba que el 9 por 100 de la

Figura 4: *Porcentaje de estudiantes que considera peligrosas las drogas*

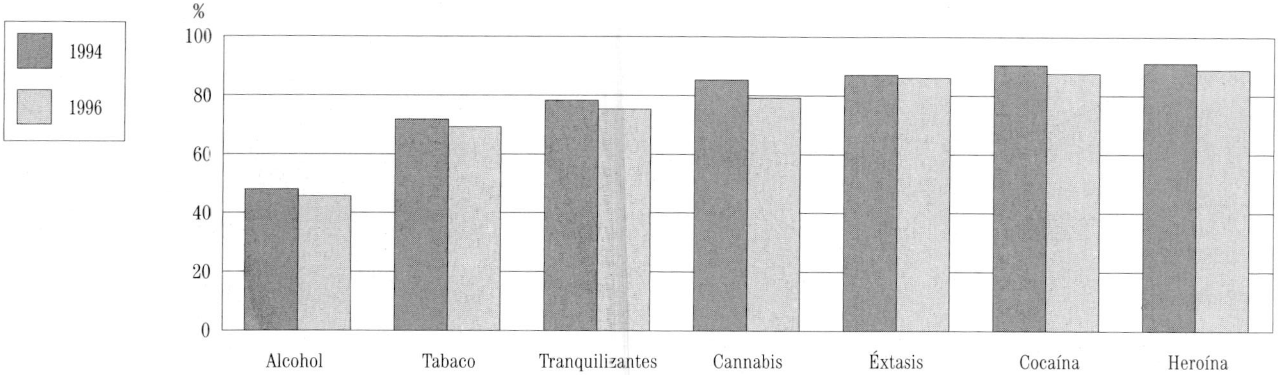

	Alcohol	Tabaco	Tranquilizantes	Cannabis	Éxtasis	Cocaína	Heroína
1994	47,4	72,7	79,6	85,3	86,3	90,1	90,4
1996	45,1	69,5	75,2	79,9	86,1	87,6	88,2

FUENTE: Encuesta sobre drogas a la población escolar, 1994 y 1996.

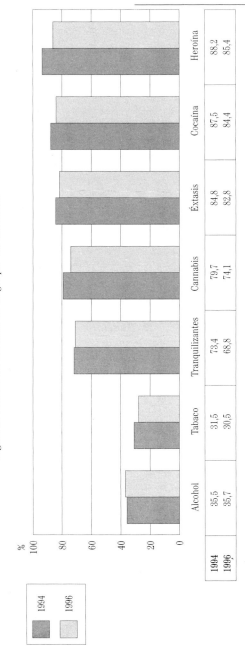

Figura 5: *Rechazo del consumo de drogas por los estudiantes*

	Alcohol	Tabaco	Tranquilizantes	Cannabis	Éxtasis	Cocaína	Heroína
1994	35,5	31,5	73,4	79,7	84,8	87,5	88,2
1996	35,7	30,5	68,8	74,1	82,8	84,4	85,4

1994
1996

FUENTE: Encuesta sobre drogas a la población escolar, 1994 y 1996.

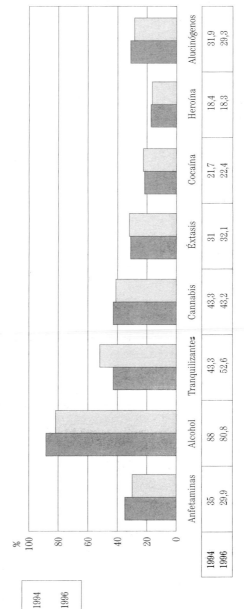

Figura 6: *Según los estudiantes, ¿es fácil conseguir drogas?*

	Anfetaminas	Alcohol	Tranquilizantes	Cannabis	Éxtasis	Cocaína	Heroína	Alucinógenos
1994	35	88	43,3	43,3	31	21,7	18,4	31,9
1996	29,9	80,8	52,6	43,2	32,1	22,4	18,3	29,3

FUENTE: Encuesta sobre drogas a la población escolar, 1994 y 1996.

32

población madrileña bebía en exceso y que, en la Comunidad de Madrid, el número de alcohólicos se había duplicado en el período 1975-1987.

En lo que se refiere a la heroína, antes de 1977 su consumo y tráfico eran prácticamente desconocidos en España [7]. La expansión del consumo de esta droga tuvo su primer punto álgido en los años 1977 y 1978. La situación alcanzó dimensiones epidémicas entre 1979 y 1982, llegando a las cifras más elevadas entre 1983 y 1986. A partir de 1987, el fenómeno entró en una nueva fase caracterizada por la disminución de nuevos usuarios y el crecimiento de las complicaciones sanitarias entre los consumidores ya iniciados. En los últimos años, entre 1991-1992, la población heroinómana se ha estabilizado, envejeciendo y circunscribiéndose a sectores bien delimitados. Pero, aunque la «crisis» que implicó el consumo de heroína ha finalizado, no ha sucedido lo mismo con sus consecuencias sociales y políticas, que se traducen en la percepción del consumo de drogas con una óptica «heroinocéntrica», es decir, basada en las características y consecuencias derivadas del abuso de este derivado del opio, a pesar de que está demostrado que la adicción a la heroína poco tiene que ver con la realidad generada por el empleo de otras sustancias.

1.4.2 Tendencias actuales

Aunque el uso de heroína concentró toda la atención de los medios de comunicación, de la opinión pública y de las autoridades sanitarias durante los años ochenta, se han consolidado otras sustancias, nuevas pautas y diferentes tendencias en el consumo de sustancias adictivas, marcadas por el incremento de la utilización de las «drogas de síntesis» y por la mezcla de varias moléculas.

En los últimos años, la situación ha cambiado notablemente. La permisividad social ha disminuido en lo relativo a ciertas drogas, se ha disparado el consumo de las conocidas popularmente como «drogas de diseño» y el abuso ha empezado a suscitar mayor preocupación social y sanitaria, lo que se traduce en la creación de dispositivos terapéuticos variados y en la proliferación de campañas preventivas auspiciadas por diversas organizaciones privadas e instituciones públicas.

Sin embargo, y a pesar de todos los esfuerzos, el número de consumidores de drogas legales e ilegales no ha disminuido. Además de unos 4.000.000 de alcohólicos, según cálculos del Centro de Investigaciones Sociológicas, aproximadamente 300.000 españoles han probado alguna vez la heroína, de los cuales se estima que 70.000 son adictos. Otras fuentes elevan

[7] GAMELLA, J. F. (1997): «Heroína en España (1977-1996)», *Claves*, n.º 72, mayo: 20-30.

el número de consumidores a más de medio millón. Además, habría que añadir cerca de cien mil adictos a analgésicos derivados de la morfina.

Las sustancias psicoactivas ilegales preferidas por los españoles siguen siendo el cáñamo y sus derivados. Las encuestas llevadas a cabo en la población general no permiten extraer consecuencias claras acerca de las tendencias en su utilización. Sí parece claro que ha sido la droga cuyo uso se ha incrementado más entre los sectores juveniles.

No obstante, el incremento más espectacular se ha producido en el consumo de éxtasis, lo cual se deduce por el sostenido incremento de las cantidades aprehendidas por la policía: 187 unidades en 1987, 259 en 1988, 4.325 en 1989, 4.512 en 1990, 22.165 en 1991, 45.352 en 1992, 274.420 en 1993 y 306.501 en 1994. De tal manera, se calcula que cada fin de semana ingieren éxtasis —o sustancias vendidas como tal— unas 500.000 personas.

El consumo de anfetaminas también ha aumentado de forma considerable. Si en 1985 se calculaba que había entre 339.000 y 500.000 usuarios habituales de estos estimulantes, a principios de los noventa la cifra se elevaba a 700.000. Un incremento similar se ha podido apreciar entre los consumidores de inhalantes (colas, pegamentos, disolventes...). En 1985 había entre 18.000 y 21.000 usuarios de este tipo de productos. Seis años más tarde, el conjunto había pasado a 35.000.

Sin embargo, el máximo número de adictos corresponde a psicotropos de farmacia. A mediados de los ochenta, la Fiscalía del Tribunal Supremo calculaba unos 794.000 consumidores regulares de tranquilizantes y unos 784.000 de hipnóticos. Fuentes médicas estiman que al menos el 40 por 100 de las personas mayores de cincuenta años emplea diariamente tranquilizantes benzodiazepínicos para relajarse o dormir. Los principales consumidores son mujeres y personas adultas en general, aunque el problema también afecta a los jóvenes, que recurren a estos productos con frecuencia creciente.

En el caso de la heroína, los últimos datos confirman que el consumo está estabilizado o en descenso, así como el cambio en las vías de administración, que casi siempre son no intravenosas. Un 38,3 por 100 ha modificado la vía de administración, especialmente de la vía intravenosa a la vía pulmonar (fumada «en chinos»). Entre los sujetos admitidos por primera vez a tratamiento ha disminuido considerablemente la vía intravenosa en favor de la pulmonar y la nasal. A pesar de ello, el consumo de esta sustancia sigue provocando la mayor parte de los incidentes graves relacionados con el consumo de drogas ilegales: muertes por sobredosis, infección por VIH, delincuencia... En este sentido, el descenso de mortalidad que se produjo entre 1991 y 1994 se ha estabilizado, y también se ha desacelerado el ritmo de la disminución del consumo por vía intravenosa. Lo que sucede es que, en su mayoría, se trata de consumidores de larga evolución y con importante grado de deterioro social y sanitario.

El empleo de cocaína ha experimentado un notable incremento desde los ochenta. Esta sustancia comenzó a llegar masivamente de Estados Unidos a partir de 1976. En ese momento, su consumo gozaba de «buena prensa», pues científicos e intelectuales consideraban que no producía adicción física. En España, la cocaína no había dejado de consumirse en determinados ambientes minoritarios y exclusivistas, pero a finales de los años setenta y principios de los ochenta su empleo comenzó a expandirse. La popularización de su consumo se asoció a la consolidación de los hábitos consumistas, al incremento del ocio nocturno, a la implantación de una moral basada en el éxito y el triunfo social y a la expansión del mercado multinacional.

Mientras en 1985 se calculaba la existencia de hasta 80.000 consumidores habituales, en 1990 la cifra estimada se elevaba hasta 600.000. En este momento, el Centro de Investigaciones Sociológicas indica que unos 900.000 españoles han probado alguna vez la cocaína.

De ellos, 350.000 la toman una o dos veces al mes, 75.000 entre seis y diez veces mensuales y otros 75.000 son cocainómanos propiamente dichos.

Si en los últimos años se venía constatando un paulatino incremento en la detección de problemas relacionados con el consumo de cocaína, el aumento ha sido más significativo últimamente. De 1995 a 1996, el número de personas admitidas a tratamiento por abuso o dependencia de cocaína ha crecido en un 46,6 por 100. Además, la *Encuesta escolar sobre Drogas* de 1996 indica que esta sustancia también se utiliza más entre los estudiantes de catorce-dieciocho años (de 1,7 por 100 hallado en 1994, ha pasado a 2,6 en 1996), aunque, paralelamente, se detecta la sustitución de la cocaína por otras drogas más baratas, como por ejemplo las anfetaminas y el éxtasis.

1.4.3 Actitud social hacia el consumo de drogas

Las drogas ocuparon las primeras páginas en numerosos medios de comunicación, desde la aparición del problema a finales de los años setenta. La preocupación alcanzó cotas máximas en la primera mitad de los ochenta, con las campañas de movilización ciudadana pidiendo más protección. En la actualidad, han pasado a ocupar un segundo plano entre los temas prioritarios de nuestra sociedad. Ello no parece ser fruto de la disminución del problema, ni tan siquiera de posturas más reflexivas, sino del hecho de que ya no «vende» desde el punto de vista periodístico. Cada vez son más escasas las movilizaciones ciudadanas, reducidas a conatos de rechazo ante la implantación de servicios específicos.

Sin embargo, probablemente el tema de la droga continúa siendo una de las cuestiones que preocupa más a los españoles, junto con el paro y el terrorismo, aunque el nivel de alarma ha disminuido ligeramente. Así, la *Encuesta domiciliaria sobre Drogas* de 1995 detectó que, para el 50 por 100 de la población mayor de catorce años, las drogas ilegales eran un problema muy importante en su zona de residencia. Este cambio puede relacionarse con que ha disminuido la «visibilidad» del consumo, especialmente por el descenso de la utilización de la vía parenteral.

En cuanto a las actitudes políticas y sociales, en 1991 el Partido Popular presentó al Congreso de los Diputados una proposición de reforma del Código Penal para castigar el consumo de drogas con prisión menor, iniciativa que no prosperó. En la misma línea penalizadora, diversos políticos han propuesto variadas medidas de control para afrontar el tema.

Paralelamente al incremento de las medidas coercitivas y penalizadoras, se observa, tanto en España como en otros países occiden-

tales, la consolidación progresiva del movimiento antiprohibicionista, ejemplificado en España por intelectuales como Antonio Escohotado y Fernando Savater. En 1988, el catedrático de Derecho Penal de Málaga proponía ya como alternativa la despenalización del tráfico controlado. Ese mismo año, los asesores del Plan Nacional sobre Drogas consideraban fracasada la política sobre las drogas y propugnaban la despenalización, así como un debate público sobre el tema. En esa época se constituyó la Plataforma Alternativa sobre Drogas, integrada por jueces, políticos, periodistas, policías, líderes vecinales..., que abogaba por la legalización de las drogas. Al año siguiente se creaba en Navarra la Asociación por la Legalización de las Drogas e Izquierda Unida incluía, en su programa para las elecciones de octubre de 1989, la legalización de todas las drogas.

Sin embargo, desde el punto de vista político, los pronunciamientos, bien a favor, bien en contra de medidas restrictivas, parecen tener más la condición de señuelo electoral que la traducción en medidas legislativas concretas.

De hecho, los españoles siguen asociando la droga con la delincuencia callejera. La *Encuesta domiciliaria* referida anteriormente indica que la mayoría de la población considera la droga la principal causa de delincuencia en la actualidad, aunque un elevado porcentaje se manifiesta partidario de aplicar medidas de reinserción a este tipo de delincuentes. En cuanto a las iniciativas políticas y asistenciales, se inclinan por la no legalización de la droga, la represión del tráfico, la adecuada atención a los drogodependientes y por la necesidad de realizar una tarea preventiva mediante la educación en las escuelas, así como por formar la opinión pública sobre los riesgos del consumo de drogas mediante campañas publicitarias de carácter educativo.

2

ASPECTOS BIOLÓGICOS

2.1 Conceptos generales

Cuando se habla de drogas y de los aspectos relacionados con ellas, se emplea un amplio vocabulario que, en ocasiones, peca, o de excesivamente técnico o de ambigüedad, circunstancia que provoca confusión. La tendencia actual se encamina a unificar al máximo la terminología empleada, desechándose diferenciaciones que se han revelado poco útiles o inexactas e, incluso, contraproducentes, difundiendo una información poco clara. Así, por ejemplo, resulta cada vez menos frecuente distinguir entre dependencia física y psíquica, y se cuestionan determinadas distinciones, como la establecida entre sustancias legales e ilegales, o entre «duras» y «blandas».

2.1.1 ¿Qué es una droga?

En realidad, no existe ninguna definición de droga universalmente aceptada. La dificultad radica en que se trata de un conjunto de sustancias muy diversas, de las que se hace uso por razones muy diferentes y que se pretende limitar, regular, controlar o perseguir por motivos que van desde el dominio comercial hasta la protección de la salud individual y pública. Desde principios de siglo, numerosos comités de expertos internacionales han propuesto definiciones que chocaban con la realidad farmacológica o dejaban al descubierto los intereses y contradicciones ideológico-morales que suscitan estas sustancias. Se trataba más bien de hallar rasgos comunes entre los productos prohibidos ya por diferentes razones.

La multiplicidad de palabras que se usan (droga, medicina, fármaco, narcótico, tóxico, estupefaciente, psicotrópico, etc.) pone de manifiesto la pluriformidad de enfoques culturales, los prejuicios morales o éticos que tienden a identificar las drogas con todo aquello que tiene capacidad para hacer que las personas se evadan de su realidad. Pero si utilizásemos ese concepto, habría que incluir la televisión o el juego como drogas, cuando no lo son.

Según la Organización Mundial de la Salud, droga sería «toda sustancia que, introducida en un organismo por cualquier vía de administración, puede alterar de algún modo el sistema nervioso central del individuo y es además susceptible de crear dependencia, ya sea psicológica, física, o ambas». Dicho de otra manera, cualquiera de las múltiples sustancias a las que el ser humano puede recurrir y que tienen capacidad de modificar las funciones del organismo vivo que tienen que ver con su conducta, juicio, comportamiento, percepción o estado de ánimo. Todo ello sin connotaciones de ningún tipo, sin que implique si son buenas o malas, legales o ilegales, asumidas culturalmente o no, usadas responsablemente u objeto de abuso. Si a los criterios neurobiológicos o psicológicos incorporamos el antropológico o social, podemos acabar afirmando que droga es aquella sustancia que, en un contexto dado, se reconoce mayoritariamente como tal.

a) Rasgos que definen a las drogas

• Son sustancias, es decir, no pueden incluirse en este concepto ciertas actividades como el juego, ver la televisión, comprar, etc.
• Pueden alterar de algún modo el sistema nervioso central.
• Son susceptibles de crear dependencia psicológica y/o física.
• Además, a veces generan otros problemas: enfermedades físicas y psíquicas, muerte por diversos motivos, conflictos familiares, infracciones legales, marginación social...

b) Rasgos que *no* definen a las drogas

• Su consideración legal: pueden resultar tan nocivas aquellas sustancias consideradas ilegales (heroína, cocaína...) como las permitidas por la ley. Por lo tanto, la distinción legal/ilegal no tiene correlación directa con la peligrosidad de determinada droga.
• La vía de administración. Las drogas tienen riesgos independientemente de que se consuman inyectadas, fumadas, inhaladas...

La lista de compuestos —tanto naturales como sintéticos— que responden al enunciado anterior resulta extraordinariamente amplia, prácticamente inabarcable de forma detallada, por lo que se suelen considerar grandes «familias»: por ejemplo, según sus efectos, aunque éstos varían dependiendo de la dosis que se consuma; otra de las clasificaciones posibles, bastante arbitraria, es la que divide las drogas en duras y blandas.

Las modernas clasificaciones psiquiátricas tienden a evitar el término «droga», principalmente por su falta de concreción y, sobre todo, por las *connotaciones peyorativas* (delictivas principalmente) que lleva aparejadas. Así, algunos de los manuales de referencia utilizados en el diagnóstico médico-psiquiátrico hablan de «sustancias psicoactivas», o simplemente de «sustancias». Harold I. Kaplan y B. Sadock [1] argumentan que «es preferible hablar de «sustancias» que de «drogas», ya que este último término implica una manipulación química y muchos de los productos químicos de los que se abusa se obtienen de forma natural (por

---

[1] KAPLAN, H. I., SADOCK, B. J. (1996): *Sinopsis de Psiquiatría*, Madrid, Panamericana, 7.ª ed., pág. 397.

ejemplo, el opio), o no están pensados para el consumo humano (como los pegamentos)». El razonamiento expuesto tiene interés para determinados sectores, pero no parece excesivamente útil para el lector no especializado. Por tal motivo, y dada la implantación popular del término, a lo largo de la obra se seguirá utilizando la palabra «droga», menos precisa y posiblemente coloquial, pero también más comprensible.

Como ya señalé, al hablar de «drogas», nos referimos a compuestos muy heterogéneos cuyo rasgo común radica en que, al llegar al sistema nervioso central, modifican el funcionamiento de las células nerviosas, produciendo alteraciones en la conducta, los sentimientos o en cualquier otra función psíquica. Las sustancias de las que hablamos pueden incorporarse al organismo por múltiples vías: ingiriéndolas por la boca, fumándolas, aspirándolas («esnifándolas») o inyectándolas directamente en la corriente sanguínea. Cada modo de administración posee matices y riesgos propios. Por ejemplo, las drogas administradas por inhalación actúan más rápidamente, porque cada respiración llena los alveolos pulmonares con una nueva provisión de droga que pasa a la sangre antes de que el aire sea exhalado. Desde la sangre pulmonar, una cantidad importante llega al cerebro. Un rasgo importante de la inhalación es su controlabilidad. Puesto que la droga alcanza el cerebro en momentos puntuales, el fumador

puede usar el efecto psicotrópico mismo para regular la cantidad de entrada de droga. Para más efecto, el consumidor toma más frecuentes o más profundas bocanadas. Si alcanza concentraciones tóxicas, dejará de fumar o lo hará más lentamente, evitando las sobredosis. El problema de fumar es que, además de la droga, se consumen paralelamente otros productos resultado de la combustión, que son tóxicos en sí mismos, irritantes e incluso productores de cáncer.

Por contraste, después de una inyección intravenosa, la sangre se mezcla en el lado derecho del corazón, y de esa manera la sustancia se diluye considerablemente antes de llegar al cerebro. Y después de la administración oral, la absorción es lenta, de manera que la concentración de droga en el sistema nervioso central se alcanza lentamente.

2.1.2 Cómo actúan las drogas

Las modificaciones psíquicas tienen lugar como consecuencia de reacciones bastante específicas entre la droga consumida y ciertos componentes de las células cerebrales llamados «neurorreceptores», los cuales son como «centinelas» que, al ser estimulados, ponen en funcionamiento determinadas actividades celulares.

El conocimiento de los efectos de las drogas sobre el cerebro todavía presenta numerosas lagunas, pero ya se conocen con bastante precisión algunos mecanismos subyacentes a la acción de ciertos productos químicos, como los tranquilizantes o la heroína y compuestos similares. No es éste el lugar para desarrollar con detalle lo que se sabe (y lo que se desconoce) de los procesos bioquímicos desencadenados por las drogas en el cerebro, pero sí conviene destacar algunas conclusiones extraídas de ciertos experimentos con animales y también con seres humanos:

• Los efectos de diferentes sustancias resultan muy específicos, hasta el punto de que, incluso los animales de laboratorio saben diferenciar y «elegir» unas u otras, llegando a autoadministrárselas y a autodosificárselas para provocar determinadas reacciones.
• Las manifestaciones desencadenadas por las sustancias adictivas varían, dependiendo del lugar del cerebro sobre el que actúan.

Los resultados de múltiples experimentos han conducido a los fisiólogos a identificar zonas del cerebro que, estimuladas eléctrica o químicamente, provocan sensaciones placenteras. Estas vivencias se convierten, a su vez, en refuerzos que inducen a repetir una y otra vez la administración de un determinado producto. Las regiones cerebrales relacionadas con estas respuestas gratificantes forman parte de un circuito de neuronas interrelacionadas entre sí, y que constituyen el llamado «haz medial cerebral anterior», una vía que se compone de varias acumulaciones de neuronas: el área tegmental

ventral (VTA), el *núcleo accumbens* (NA) y el córtex frontal (FC). En estos tejidos se encuentra la explicación de las experiencias desencadenadas por muchas drogas, aunque cada una de ellas actúa en puntos distintos y a través de procesos diferentes. Bastantes tienen en común que incrementan la liberación de un transmisor denominado *dopamina,* el cual, a su vez, estimula la actividad de la corteza cerebral.

Pero ¿por qué reconocen estos circuitos las drogas y permiten que alteren su funcionamiento fisiológico? La respuesta parece hallarse en que al menos ciertas drogas se parecen mucho a moléculas que fabrica el propio cerebro y, por ello, son reconocidas por los receptores habituales de las mismas. Tales moléculas son las *endorfinas,* que intervienen en la regulación de las sensaciones dolorosas y placenteras, mitigando las primeras y estimulando las segundas. Posiblemente, el peligro mayor de las drogas que «imitan» estos efectos radica precisamente en la gratificación intensa e inmediata que proporcionan, y que determinadas personas pueden buscar de manera compulsiva para mitigar o evadirse del dolor emocional.

2.1.3 Efectos del uso prolongado de drogas

No todo el mundo utiliza de la misma manera las drogas ni «paga» el mismo precio por el consumo de las mismas. Como de cualquier otra cosa, de las drogas se puede

41

hacer un uso más o menos arriesgado. Por ejemplo, no es lo mismo tomar un vaso de vino en la comida que beber hasta quedar inconsciente durante una fiesta. Obviamente, la mejor forma de no llegar a tener complicaciones con las drogas es no utilizarlas nunca. Pero, en caso de no ser así, vale la pena distinguir entre diferentes tipos de consumo (ocasional, frecuente, abusivo).

Se habla de *abuso* cuando la frecuencia de consumo interfiere negativamente en la vida del individuo (alterando el rendimiento laboral o escolar, las relaciones familiares, ocasionando problemas legales, colocando al sujeto en situaciones potencialmente arriesgadas...). Se trata de un término impreciso que, en ocasiones, se ha empleado arbitrariamente para describir cualquier consumo percibido como dañino (generalmente por valoraciones de tipo ideológico o moral). Actualmente, se restringe al uso compulsivo, o, lo que es lo mismo, irracional e incontrolado, de una sustancia psicoactiva que afecta a la salud mental y física.

La forma más extrema y perjudicial de «relacionarse» con las drogas es la *toxicomanía,* caracterizada por la *tolerancia* y la *dependencia* [2]. No resulta fácil establecer los límites entre uso, abuso y dependencia. Esta última implica la pérdida de la autonomía para decidir sobre el consumo. Formularse ciertas

preguntas puede ayudar a discernir el impacto que el consumo de determinada/s sustancia/s tiene sobre nuestra vida.

Cuestionario sobre el impacto diario de las drogas

• ¿Consume drogas cuando está solo?

• ¿Puede rechazar (una copa, un «porro», una «raya» de coca) si se los ofrecen?

• ¿Se «coloca» antes de ir a ver a un amigo que no toma drogas?

• ¿Necesita tomar algo (una copa, un «porro», un tranquilizante...) antes de ir a dormir?

• ¿Toma siempre algo (una copa, un «porro», un estimulante) al levantarse por la mañana?

• ¿Se siente triste y aburrido cuando no toma drogas?

• ¿Qué provisión de drogas tiene que guardar, y cómo le afecta que se agote?

• ¿Puede estar todo el día sin drogas y sentirse bien?

• ¿Empieza a resultarle difícil pagar la cantidad de droga que desea?

En líneas generales, las etapas que se siguen hacia la adicción son:

1. Se prueba para experimentar: una de las vías de entrada es la curiosidad. Sin la información suficiente, éste suele ser el primer paso hacia el consumo.

2. Se usa de forma ocasional: normalmente se consume de forma gratuita y ofrecida por otros consumidores. En esta etapa, el consumidor cree equivocadamente que

---

[2] Los términos «dependencia» y «adicción», o toxicomanía, tienden a usarse como sinónimos, aunque, técnicamente, existan matices que los diferencian.

domina el consumo y que puede continuar controlando la situación.

3. Se consume de forma habitual: una parte importante de los consumidores pasan de la fase de curiosidad a una forma de consumo directa y continuada. Esta etapa se caracteriza por el interés en conseguir y obtener la droga, en mantener un consumo regular, aunque no diario, y en sentir y buscar los efectos de la droga.

4. Se cae en la dependencia: llegado este momento, la situación desborda al sujeto y a la propia familia. Ésta se ve incapaz de controlar la situación y empieza a buscar ayudas externas. Se crean tensiones entre todos los miembros del grupo familiar y afloran reproches y sentimientos de culpa. El sujeto sólo tiene un deseo: conseguir una nueva dosis. Esto se convierte en su único objetivo vital, que le hace generar una actitud sumamente egoísta, ya que su única finalidad es conseguir la droga, sea como sea. En esta situación de dependencia no son eficaces para frenar el consumo los castigos ni las reflexiones sobre los efectos perjudiciales del consumo: adquisición de enfermedades y patologías graves (sida, hepatitis), pérdida del trabajo, etcétera.

Tolerancia

Cuando se consume una droga durante cierto tiempo, el organismo se «acostumbra» a la acción de la misma, lo que se traduce en la necesidad de aumentar progresivamente las dosis para conseguir efectos similares a ocasiones previas. La tolerancia cruzada se define como la que afecta no sólo a una determinada droga, sino a otras del mismo espectro: por ejemplo, los tranquilizantes y el alcohol.

Este fenómeno puede deberse a que:

• El cuerpo (en particular, el hígado) desarrolle la capacidad de eliminar (metabolizar) más rápido la droga *(tolerancia metabólica)*.
• Las células cerebrales modifiquen su funcionamiento, adaptándose a la sustancia administrada y manifestándose menos sensibles a sus efectos *(tolerancia celular)*.
• Cambien las expectativas del sujeto o las circunstancias del entorno *(tolerancia social)*.

El fenómeno de tolerancia tarda un tiempo en desarrollarse. Este *intervalo crítico* difiere según la sustancia. Por ejemplo, en el caso de la heroína, si la administración se produce con intervalos de aproximadamente una semana, no se necesita aumentar la dosis. Mucho menos tiempo requiere el desarrollo de tolerancia a la cocaína, que puede producirse incluso tras consumir una sola raya.

Otra cuestión importante es hasta dónde puede llegar la necesidad de aumentar la dosis consumida. Por ejemplo, en el caso de la heroína o la cocaína, el aumento de la tolerancia parece no tener límite, razón por la cual el aumento del consumo se convierte en una espiral sin techo. En el caso de otras drogas, como la nicotina, la cafeína o el alcohol, sí que suele existir un «tope» que rara vez se supera. La tolerancia hace la vida difícil al adicto, porque, conforme incrementa la dosis, el gasto económico se hace cada vez más difícil de sostener, empujándole a diversos actos delictivos.

Dependencia

Este hecho se manifiesta cuando se suspende la administración habitual de la droga. Entonces aparecen toda una serie de síntomas físicos y psíquicos desagradables y contrarios a los que suscitaba la droga, que sólo se alivian o desaparecen administrándola nuevamente. Estas molestias se conocen como *síndrome de abstinencia*. La privación brusca del tóxico provoca una crisis más o menos grave, según la naturaleza de la droga. Entre las consecuencias más extremas, se pueden considerar el colapso circulatorio del morfinómano, el *delirium tremens* del alcohólico.... La abstinencia, independientemente de otros signos, se caracteriza por el ardiente deseo de volver a consumir la droga suprimida, experiencia que durante tiempo se ha denominado *dependencia psicológica,* diferenciándola de la sintomatología somática, que se conocía como *dependencia física.* Tradicionalmente, estas dos facetas se separaban netamente, pero hoy no se admite semejante disociación. No existe una cosa llamada *dependencia física* y otra *dependencia psíquica.* Todo es el mismo fenómeno, en el que siempre están presentes, en distinta

medida, en función de la droga y el individuo, elementos físicos y psíquicos. Ante el síndrome de abstinencia, conviene mostrarse firme y sereno, evitando ceder al chantaje del que lo experimenta.

El estudio de los mecanismos que conducen a la adicción ha dado lugar a teorías de fundamento neurofisiológico o bioquímico que no son excluyentes. A pesar de las lagunas existentes en este campo, no cabe duda de la participación de otros factores ajenos a la droga en sí. Aspectos individuales (personalidad, herencia...), sociales, culturales y antropológicos, inciden poderosamente en la creación del hábito, en el perfil de la conducta del drogodependiente (no vive igual su adicción un heroinómano que un adicto a los tranquilizantes) e, incluso, en la magnitud del síndrome de abstinencia (está demostrado que, en un ambiente favorable, el tratamiento del síndrome puede llevarse a cabo sin grandes complicaciones y con requerimientos farmacológicos mínimos).

2.1.4 Otros efectos del consumo de drogas

Efectos tóxicos agudos

Es lo que se conoce como «intoxicación» o, en casos más graves, «sobredosis». La intoxicación se caracteriza por la aparición de alteraciones de la conducta o de otras funciones psíquicas tras el consumo de una droga. Esta situación puede ser el resultado de una dosis excesiva, o de la utilización de una sustancia demasiado potente, o de la interacción de varias drogas. Así, se producirá cuando una persona se inyecte una cantidad excesiva de heroína, o si mezcla fármacos tranquilizantes con alcohol; o, incluso, si toma una cantidad excesiva de cafeína.

Alteraciones psíquicas

Ya se señaló, en la definición de droga, que producía alteraciones variables en las funciones psíquicas (comportamiento, percepción, estado de ánimo...). En ocasiones, tales trastornos «reaparecen» cierto tiempo después del consumo. Esto es lo que se conoce como *flashbacks*. Actualmente se han identificado numerosos trastornos psíquicos relacionados con la utilización de las distintas drogas: disminución del nivel de conciencia, psicosis, depresión, ansiedad, amnesia, alteraciones sexuales, del sueño...

Lesiones físicas tras el consumo durante períodos prolongados

Son muy variadas y diferentes según el tipo de droga a la que nos refiramos. Por ejemplo, el alcohol puede originar afectaciones hepáticas graves (cirrosis) y lesiones irreversibles de los nervios y del cerebro (hasta llegar a la demencia). Como consecuencia de los efectos comportamentales pueden producirse accidentes de naturaleza diversa: caídas, accidentes de tráfico o deportivos...

Problemas interpersonales

El consumo de drogas interfiere en los contactos sociales y deteriora las relaciones con otras personas (conyugales, familiares, amistosas...). Aunque, inicialmente, las drogas pueden exaltar el sentimiento de intimidad y desinhibir sexualmente, rara vez ayudan a consolidar relaciones estables. La influencia sobre la actividad social resulta compleja. Los consumidores eligen a los amigos en función de las drogas que consumen o empiezan a hacerlo en función de los hábitos del círculo que frecuentan.

2.1.5 Drogas duras y drogas blandas

En función de la aceptación social, se ha establecido esta dicotomía, que no responde en absoluto a parámetros farmacológicos ni de peligrosidad para el organismo, y cuyas consecuencias han sido (y lo siguen siendo) nefastas.

La magnitud de las adicciones institucionalizadas es claramente superior a las relacionadas con sustancias ilegales, aunque la preocupación que suscitan sea menos espectacular. Los factores que explican la distinta consideración de unas y otras son de diversa índole:

• *Socioculturales:* Tanto tabaco como alcohol se vinculan a la vida de relación, e incluso son hábitos inducidos de alguna manera por el ambiente familiar. Por eso, entre otras razones, son percibidas como drogas menores, especialmente el alcohol.

• *Económicos:* Ambas sustancias (también los fármacos) son fuentes de ingresos importantes para las empresas que los comercializan y para la Hacienda pública, lo cual condiciona su inducción al consumo, más o menos explícita, a través de la publicidad. En el campo de los medicamentos, la enorme diversificación de la oferta (existen hasta 210 preparados sedantes, 204 analgésicos, 120 productos para combatir el insomnio...) es un factor importante unido al escaso control sanitario de su expedición, para comprender el empleo masivo en nuestro país.

• *Legales:* La legislación española considera de forma diferenciada la problemática asociada al alcohol y el resto de las drogas. La producción, tráfico y difusión de las últimas está penalizada por el artículo 344 del Código Penal (bastante ambiguo en su conjunto, fue modificado por el Gobierno socialista en 1983, despenalizándose el consumo; en este momento, tal reforma es cuestionada por ciertos sectores de la oposición parlamentaria). El alcohol, por el contrario, sólo está castigado de forma indirecta (con motivo de las infracciones a las que conduce el consumo). El tabaco no estaba sometido a ninguna restricción, situación que está modificándose aunque con una traducción muy lenta en la vida cotidiana.

2.2 Las drogas y sus efectos

También en la vida cotidiana, jóvenes y adultos nos encontramos con un diversificado conjunto de sustancias con potencial adictivo. En este apartado pretendo «presentarlas», porque pienso que conocerlas constituye, más que una incitación a su consumo, una vía para convivir con ellas exponiéndonos a menos riesgos.

2.2.1 Cannabis

a) Descripción y variantes de la sustancia

Procede de la *Cannabis sativa*. Esta planta contiene diversas sustancias psicoactivas, de las que el *tetrahidrocannabinol* es la principal. De esta planta se utilizan diferentes partes de características y potencia diferentes. Las hojas y flores secas y picadas se enrollan en cigarrillos que se conocen popularmente como «porros» o «canutos». Esta presentación recibe nombres distintos según las regiones: marihuana, grifa, kiffi. De la resina de la planta se obtiene el hachís, más potente, que suele distribuirse en forma de comprimidos o barras conocidas como «chocolate».

Denominación	(%) THC	Potencia relativa
Cáñamo textil	0,5	mínima
Marihuana o grifa	1-2	media
Hachís (polvo)	4-11	cinco veces más
Hachís (resina)	50	cincuenta veces
Aceite	65	máximo

Ni la resina ni el aceite se consumen puros, sino mezclados con tabaco.

b) Formas de administración

El cannabis se consume habitualmente fumado porque,

de esa manera, los efectos euforizantes aparecen con rapidez, en unos treinta minutos, y son hasta cuatro veces más potentes que por otras vías. Ocasionalmente, se ingiere por vía oral, en forma de pasteles, bizcochos, etc. En estos casos, para conseguir los mismos efectos se deben realizar varias tomas.

Una vez en el organismo, los derivados del metabolismo hepático se mantienen durante bastante tiempo en el organismo (hasta treinta días), pues se reabsorben con la bilis y se acumulan progresivamente. En la orina se detectan derivados de la sustancia hasta ocho días después del consumo.

c) Efectos sobre el organismo

Como se señaló anteriormente, el componente que actúa sobre el cerebro es un derivado del delta-tetrahidrocannabinol. Se han identificado ya receptores específicos para los cannabinoides en los ganglios basales, el hipocampo, el cerebelo y, en menores concentraciones, en la corteza cerebral. Al parecer, este tipo de sustancias influye sobre la transmisión mediada por las monoaminas cerebrales y el ácido gamma-aminobutírico (GABA).

Los efectos varían considerablemente, dependiendo de ciertos aspectos: el tipo de cannabis utilizado, la vía de administración, la forma de preparar los «porros», la técnica de fumado, las experiencias anteriores del consumidor, las expectativas previas al consumo y la vulnerabilidad de cada persona.

Cuando se fuma, los efectos aparecen enseguida, aproximadamente en treinta minutos, y se mantienen entre dos y cuatro horas, aunque determinados síntomas (alteraciones de coordinación, de la memoria...) pueden mantenerse hasta doce horas tras consumir la sustancia.

c.1) Efectos inmediatos (intoxicación)

El cannabis suscita, en la mayoría de los casos, un efecto euforizante. Sin embargo, son frecuentes las reacciones anímicas opuestas, especialmente en los que lo consumen por primera vez. Por último, en algunos casos, la primera vez no se aprecia ningún efecto. En general, induce un estado de relajación y bienestar, así como cierta alteración de las percepciones, una especie de estado «onírico» que aumenta la sugestionabilidad y favorece la experiencia de fantasías, alteración de la vivencia del tiempo y del espacio, e, incluso, alucinaciones, sobre todo a dosis altas. También provoca alteraciones de la memoria, de la capacidad de concentración, de coordinación y de juicio. Cada vez son más numerosos los trastornos mentales documentados en relación con el consumo de cannabis. En ocasiones, la marihuana desencadena estados de ansiedad intensa («ataques de pánico»), o incluso reacciones de intensa desconfianza que pueden provocar comportamientos agresivos. En estos casos, un ambiente tranquilizador consigue mitigar semejantes alteraciones. Se han descrito también reacciones más graves (generalmente cuando se han consumido dosis importantes), con alucinaciones e ideas delirantes de contenido persecutorio, acompañadas por conductas extravagantes e imprevisibles, que requieren asistencia psiquiátrica urgente. Los *flashbacks* consisten en distorsiones de la percepción cuando ya ha pasado un tiempo desde la intoxicación. No se tiene la certeza de si se deben exclusivamente a la marihuana o al uso conjunto de otras sustancias tóxicas (alucinógenos, fenciclidina...).

Los efectos físicos más comunes son el enrojecimiento de los ojos debido a la dilatación de los vasos sanguíneos conjuntivales, leve taquicardia, aumento del apetito, disminución de la temperatura corporal y de la secreción salivar. También pueden producirse temblores discretos, dolores de cabeza o náuseas.

Las reacciones adversas más peligrosas son las relacionadas con la disminución de la memoria reciente, la disminución de la concentración y de la coordinación motriz. Estas alteraciones, que son las más persistentes, como ya se ha indicado, interfieren en actividades que requieren precisión y pueden conducir, por ejemplo, a accidentes de tráfico, caídas, ahogamientos, negligencias profesionales, accidentes laborales o domésticos, etcétera.

c.2) Efectos adversos debidos al consumo continuado

Acerca de los efectos nocivos del uso prolongado del cannabis, existen fuertes controversias que no se han clarificado con los estudios científicos realizados. Se han descrito algunos, en los que sin duda influye no sólo la sustancia en sí, sino otros que se producen por el hecho de fumarla y que, por lo tanto, serían similares a las producidas por el tabaco (bronquitis crónica y cáncer de pulmón). El riesgo de trastornos pulmonares podría ser mayor que el asociado al tabaco, dado que las inhalaciones son más profundas y los productos de la combustión de los porros más nocivos.

Hay pruebas consistentes acerca de la relación con la disminución de hormonas masculinas y de esperma. En la mujer, parece suprimir la ovulación con carácter transitorio. No hay pruebas definitivas sobre daño inmunológico ni cardíaco, o acerca de la aparición de malformaciones en el feto.

Entre los trastornos psíquicos que surgen por el consumo prolongado, cabe destacar lo que se ha denominado *síndrome amotivacional,* que describe una constelación caracterizada por la falta de ambición, la apatía y la disminución del rendimiento en el trabajo o en los estudios que muestran algunos adictos al cannabis. Sin embargo, algunos investigadores no aceptan esta alteración, pues consideran que podría ser —más que la consecuencia del consumo— una de las causas que impulsa a ciertas personas a consumir esta droga.

Mayor consenso suscita la repercusión del cáñamo sobre el rendimiento cognoscitivo: altera la memoria a corto plazo, la comprensión de la lectura, y la capacidad de concentración y de comunicación.

d) Tolerancia y dependencia

Los estudios realizados con animales demuestran que las sustancias relacionadas con el cannabis (cannabinoides) no inducen a éstos al abuso. Sin embargo, se admite que este grupo de sustancias inducen tolerancia y generan dependencia psicológica. Por el contrario, los datos sobre la dependencia física no son concluyentes.

d.1) Síndrome de abstinencia

Parece limitarse a leves molestias cuando se interrumpe bruscamente el consumo de cantidades importantes: irritabilidad leve, inquietud, insomnio, anorexia y náuseas ligeras.

2.2.2 Heroína y opiáceos

a) Descripción y variantes de estas sustancias

La palabra «opiáceo», que identifica a este grupo, deriva de «opio», es decir, el jugo de una especie de plantas englobadas bajo la denominación de *Papaver somniferum*, cultivadas a gran escala en diversos países orientales. De las cápsulas de estas her-

báceas se obtiene una especie de goma, el opio, en la cual se hallan hasta veinte derivados naturales u obtenidos mediante síntesis: *morfina, codeína, heroína, metadona, meperidina, pentazocina, propoxifeno,* entre otros. Algunas de estas sustancias siguen formando parte de diversos fármacos (antidiarreicos, analgésicos, tratamientos de la tos...), que, por lo tanto, son potencialmente objeto de abuso. Entre ellos se diferencian por la potencia, duración de su acción, potencial de adicción, etcétera.

De todos ellos, la heroína es el más utilizado, es la droga ilegal por excelencia.

b) Formas de administración

a. Inyectados intravenosa o subcutáneamente (en brazos, piernas, tobillos, ingles, pene...). Implica un ritual complejo: torniquete para hinchar la vena, pinchar, deshacer el referido torniquete y posteriormente inyectar la sustancia.

b. Inhalados. Constituye la vía predominante, en la actualidad, de consumo de la heroína. Se refiere tanto al consumo fumado como por vía nasal.

c. Por vía oral. Es la forma en que se usan todos los opiáceos que forman parte de medicamentos. La heroína no puede ser absorbida de esta forma.

d. Por vía rectal, mediante supositorios.

Nombre	Dosis aproximada (mg)	Vía de administración	Duración (horas)	Potencial de abuso	Forma de obtención
Opio	15	Inyectada, oral o fumada	4-5	Moderado a alto	Natural
Morfina	10	Inyectada	4-5	Alto	Natural
Codeína	120	Oral o inyectada	3-4	Alto	Natural
Heroína	3	Inyectada, fumada o inhalada	3-4	Alto	Semisintética
Metadona	10	Inyectada u oral	3-6 (mayor de 24 h en uso prolongado)	Alto	Sintética
Propoxifeno	60-120	Inyectada u oral	4-5	Bajo	Sintética
Meperidina	60-100	Inyectada u oral	2-4	Alto	Sintética
Pentazocina	30-50	Inyectada u oral	3-4	Bajo a moderado	Sintética

c) Efectos sobre el organismo

Son los analgésicos más potentes, no desplazados aún por ningún otro y utilizados todavía en casos que no responden a ningún otro tratamiento. La heroína, aunque en la actualidad no tiene uso terapéutico, posee efectos similares a la morfina, pero resulta dos veces más potente como analgésico.

Los efectos están mediados por los receptores específicos, que están involucrados en la regulación del dolor, del ritmo respiratorio, el ritmo intestinal y la dependencia. Los κ se relacionan con la analgesia, la diuresis y la sedación; los delta, con la analgesia. También actúan sobre los receptores dopaminérgicos y los noradrenérgicos, activando la liberación de estos receptores.

c.1) Efectos inmediatos (intoxicación)

Provocan una experiencia intensa, que constituye un factor importante para la persistencia en el consumo. Primero, producen una sensación de placer, comparada a veces con el orgasmo. Luego, un característico estado de somnolencia, de desconexión emocional de la realidad. En el caso de la inyección subcutánea, predomina la segunda fase. Un escritor sajón la describía así en una de sus novelas: «Pegaba fuerte. Golpeaba el corazón como una locomotora incontrolada, golpeaba como un muro derrumbándose. Todo el cuerpo [...] se elevaba con esa rompiente oleada, el corazón parecía elevarse arriba, arriba, arriba. Luego se introdujo en un largo y cálido baño con un orgásmico suspiro de alivio... Todo lo que tenía que hacer el resto de su vida era estar tumbado aquí, sintiéndose mejor y mejor con cada latido de su corazón; hasta ahora no se había sentido tan bien en toda su vida»[3].

Como «patrón» del grupo, la heroína produce analgesia, somnolencia y alteraciones del humor (inicialmente euforia y, con posterioridad, sedación), calor y pesadez en las extremidades, boca seca, picores y enrojecimiento de la cara, constricción pupilar, estreñimiento, disminución de la tensión arterial, el pulso y la temperatura, y depresión respiratoria. Si la dosis resulta excesiva (sobredosis), se puede producir paro respiratorio, edema agudo de pulmón (como resultado de una reacción alérgica a componentes adulterantes) y pérdida de la conciencia (coma). Esta grave complicación puede controlarse con naloxona, un «antídoto» muy específico que bloquea la acción de los opiáceos.

c.2) Efectos adversos debidos al consumo continuado

Producen numerosas complicaciones indirectas, potencialmente graves. Por ejemplo, son frecuentes la malnutrición y la anemia. Las infecciones (tuberculosis, abscesos cutáneos, flebitis, neumonías, hepatitis B y C, tétanos, endocarditis, sida...) se relacionan bien con el efecto debilitador de la droga, con el uso de jeringas y agujas no esterilizadas o con la presencia de impurezas. Las sustancias adulterantes pueden lesionar el riñón, o producir reacciones alérgicas.

d) Tolerancia y dependencia

Se desarrolla rápidamente. En el caso de la heroína, se puede estar consumiendo una vez por semana durante un tiempo. Gradualmente, los intervalos se hacen más cortos, hasta ser necesario el consumo diario, incluso tres-cuatro veces al día.

d.1) Síndrome de abstinencia

Sólo aparece si la persona ha consumido durante mucho tiempo, si la interrupción se ha producido de manera muy brusca o si se administra simultáneamente un antagonista (naloxona, naltrexona). En este último caso, los síntomas son intensos y surgen rápidamente. Las características de este síndrome varían según las sustancias:

	Inicio	*Pico*	*Duración*
Morfina y heroína	6-8 h	2.º-3.er día	7-10 días
Meperidina	Inmediato	8-10 h	4-5 días
Metadona	1-3 días		10-14 días

---

[3] ALGREN, N. (1984): *El hombre del brazo de oro,* Barcelona, Orbis.

Los síntomas son: calambres musculares intensos, dolores óseos, diarrea importante, calambres abdominales, lacrimeo, rinorrea, fiebre, dilatación de pupilas, hipertensión, taquicardia, hipo o hipertermia, inquietud, irritabilidad, temblor, depresión, debilidad, náuseas, vómitos. Algunos de ellos pueden persistir durante meses: insomnio, bradicardia, alteraciones de la temperatura y el deseo imperioso de consumir *(craving)*. La abstinencia rara vez es mortal, salvo que el sujeto padezca alguna enfermedad física grave.

2.2.3 Anfetaminas

a) Descripción y variantes de estas sustancias

Las principales sustancias pertenecientes a este grupo son la *anfetamina* (benzedrina), la *dextroanfetamina* (dexedrina), *metanfetamina* (metedrina) y el *metilfenidato*. La efedrina y la propanolamina, presentes en ciertos inhaladores nasales, guardan cierto parentesco con ellas.

b) Formas de administración

Se emplean principalmente por vía oral, en forma de comprimidos o cápsulas. La metanfetamina pura o «ice», sustancia sintética que puede fabricarse con técnicas rudimentarias, se distribuye como polvo que se inhala, fuma o inyecta intravenosamente.

Los usuarios tienen características heterogéneas: amas de casa que desean escapar de la rutina diaria, estudiantes ansiosos por aumentar su rendimiento, ejecutivos que quieren estar despejados más horas, ciertos atletas que pretenden mejores resultados...

c) Efectos sobre el organismo

Estimulan todos las sinapsis neuronales cuyos neurotransmisores son la dopamina y la noradrenalina.

c.1) Efectos inmediatos (intoxicación)

Producen euforia, disminución de la fatiga y de las necesidades de sueño, así como supresión del apetito. Los efectos psicológicos duran horas y son especialmente potentes. Los consumidores se sienten despejados, llenos de energía, con la sensación de mayor agudeza intelectual y con un sentimiento general de bienestar. Cuando las dosis alcanzan niveles tóxicos pueden aparecer vértigo, dolor de cabeza, náuseas, temblor en las manos, sudoración profusa, palpitaciones, dificultad respiratoria y dolores musculares en tórax y espalda. En cantidades incluso mayores se producen vómitos o espasmos abdominales. En intoxicaciones severas dan lugar a conductas extrañas: el sujeto tiende a palparlo y pellizcarlo todo, incluso la piel. Realiza actos sin sentido repetidamente. En casos graves se producen psicosis con ideas de persecución y alucinaciones. La situación más extrema es la aparición de convulsiones e, incluso, la muerte como resultado de éstas o de una lesión vascular en el cerebro.

Tras el consumo surgen estados depresivos profundos y prolongados, así como de irritabilidad, agresividad (con riesgo de suicidio) y dificultades severas para dormir. Estos trastornos se compensan con sustancias como tranquilizantes o alcohol. Incluso después de períodos largos es posible que se desencadenen reacciones de pánico y de temor a perder el control.

c.2) Efectos adversos debidos al consumo continuado

El consumo crónico conduce al deterioro físico debido a las restricciones en el descanso y la alimentación, que en casos extremos pueden alcanzar la desnutrición grave. La consecuencia de este debilitamiento aumenta la susceptibilidad a infecciones y diferentes enfermedades.

La sobrestimulación cardíaca podría ocasionar hipertensión, trastornos del ritmo cardíaco y obstrucción de los vasos sanguíneos (más frecuentemente los de la retina y del cerebro, con el consecuente deterioro de estos órganos).

d) Tolerancia y dependencia

Independientemente del tipo de consumidor, resulta frecuente la progresión desde el consumo ocasional hasta la dependencia. La tolerancia se desarrolla con gran rapidez, propiciando el uso de las anfetaminas más potentes (metanfetamina) por vía intravenosa.

d.1) Síndrome de abstinencia

Los principales síntomas consisten en depresión, fatiga, aumento del apetito y de las necesidades de sueño. Estos síntomas pueden durar semanas y requieren vigilancia, en particular por el riesgo de suicidio.

2.2.4 Alucinógenos

a) Descripción y variantes de estas sustancias

Se denominan también *sustancias psicodélicas* o *psicomiméticas*. Incluyen sustancias como la *psilocibina* (extraída de ciertos hongos), la *mescalina* (procedente del peyote), la *harmina*, la *harmalina*... Entre los que se sintetizan artificialmente, el prototipo es el LSD (dietilamida del ácido lisérgico, 1938). La fenciclidina (PCP) guarda relación con este grupo de drogas, pero, dado que posee características peculiares, será abordada por separado.

b) Forma de administración

Se consumen principalmente por vía oral, aunque a veces se inhalan, se fuman o se inyectan por vía intravenosa. El LSD se consume principalmente por vía oral, en forma de «papelinas», de comprimidos o de tabletas coloreadas.

c) Efectos sobre el organismo

c.1) Efectos inmediatos (intoxicación)

Alteran la percepción y la conducta, además de producir cambios fisiológicos. Entre estos últimos destacan: la taquicardia, la hipertensión, temblores, hipertermia, sudoración, visión borrosa y dilatación pupilar. En casos extremos, esta respuesta puede producir la muerte, por repercusiones cardíacas o cerebrales, consecuencia de la hipertensión o el aumento de la temperatura.

Los alucinógenos, y en concreto el LSD, intensifican las percepciones: los colores aparecen más brillantes, los contornos más nítidos, la música más emotiva, los olores y los sabores más intensos... Pueden producirse fenómenos de sinestesia (es decir, oír los colores, ver los sonidos). Las formas corporales a veces se distorsionan, y la percepción del tiempo y del espacio se modifica. Los trastornos perceptivos pueden llegar a hacer percibir estímulos que no existen, es decir, a experimentar alucinaciones, sobre todo visuales. Las emociones adquieren especial intensidad, conviviendo en ocasiones sentimientos contrapuestos. Se es más sugestionable y las relaciones con los demás pueden estrecharse. También se modifica la relación con uno mismo: el sentido de la propia identidad puede variar, llegando a la extrañeza, hasta tener la sensación de la separación del Yo del cuerpo, o incluso vivencias de naturaleza espiritual o filosófica.

Esta profunda repercusión psicológica puede desembocar en trastornos mentales agudos, sobre todo psicosis: son lo que, en lenguaje coloquial, se denomina «malos viajes». Normalmente, estas alteraciones ceden pronto, cuando se acaban los efectos del alucinógeno, pero algunas veces se prolongan, en particular cuando existen alteraciones psiquiátricas previas.

c.2) *Efectos adversos debidos al consumo continuado*

No se ha constatado que el consumo prolongado de alucinógenos produzca cambios radicales en la personalidad o psicosis crónicas, aunque se han descrito casos de ansiedad o depresión crónica que requieren tratamiento.

d) Tolerancia y dependencia

La tolerancia se desarrolla de forma rápida, tras consumirlos de forma continuada durante tres o cuatro días. El resultado de la misma es tan drástico que los efectos alucinógenos dejan de experimentarse independientemente de la dosis que se utilice. Si se suspende el uso, la tolerancia desaparece también con rapidez, en un período de cuatro a siete días.

No se sabe que produzcan dependencia física, pero sí psicológica, relacionada con las intensas vivencias internas que provocan.

d.1) *Síndrome de abstinencia*

No producen.

2.2.5 *Estimulantes de síntesis («drogas de diseño»)*

a) Descripción y variantes de la sustancia

Se trata de un conjunto heterogéneo de moléculas, muchas de ellas descubiertas hace años, y apartadas hasta la actualidad por no habérseles encontrado uso terapéutico y sí numerosos riesgos. Entre ellas se incluyen el éxtasis (MDMA), el «nuevo éxtasis» o MBDB, el «eva» (MDEA), la «píldora del amor» (MDA)..., entre otros.

b) Forma de administración

Se presentan en forma de pastillas, con aspecto atrayente y dibujos en sus caras. Su composición exacta siempre resulta dudosa. Según J. Gamella, únicamente el 40 por 100 de las supuestas pastillas de éxtasis contienen tal principio.

c) Efectos sobre el organismo

c.1) *Efectos inmediatos*

Centrándonos en la sustancia más representativa, el éxtasis, los efectos se logran con dosis de entre 70-100 mg. Los efectos aparecen aproximadamente media hora después de ingerirse la pastilla. Los efectos que se logran son: euforia, reducción de la sensación de hambre y de sed, disminución del cansancio y del sueño, aumento de la autoestima, de la afectividad, la locuacidad, desinhibición...

c.2) *Efectos adversos*

Aparecen incluso con pequeñas dosis. Los más frecuentes son: taquicardia, insomnio, pérdida de apetito, aumento anómalo de la sudoración, sequedad de boca, movimientos incontrolables en distintas partes del cuerpo, temblores, náuseas, disminución de la concentración. Un porcentaje pequeño de consumidores presenta mayor vulnerabilidad a los efectos negativos, pues carece de la sustancia encargada de metabolizar y eliminar el éxtasis. La complicación más grave es la conocida como «golpe de calor», que puede ser mortal, y que resulta de una combinación de factores: el aumento de la temperatura y la frecuencia cardíacas, la pérdida excesiva de líquidos, la disminución de la sensación de cansancio, calor y sed, y la reposición insuficiente de las pérdidas, que acaban alterando el funcionamiento cardíaco, renal y cerebral.

Cada vez se están detectando mayores complicaciones de tipo neuropsiquiátrico: crisis de ansiedad, episodios psicóticos paranoides e, incluso, alteraciones de tipo catatónico (es decir, con total inmovilidad) de días de duración.

d) Tolerancia y dependencia

No existen pruebas categóricas, aunque sí indicios de que esta droga produce ambos efectos.

d.1) *Síndrome de abstinencia*

Se halla todavía en estudio, pero se cree que puede ser similar al provocado por las anfetaminas.

2.2.6 *Cocaína*

a) Descripción y variantes de la sustancia

Se trata de un derivado de la coca existente en la *Eryth-*

roxylum coca, una planta andina. Los indígenas de Suramérica consumen habitualmente sus hojas para combatir el cansancio y la falta de energía. Conviene destacar que los efectos a medio y largo plazo de la coca y la cocaína tienen poco que ver.

La cocaína a la que pueden acceder los potenciales consumidores varía mucho en su pureza. Frecuentemente se halla mezclada con cantidades variables de otras sustancias (azúcar, procaína, anfetaminas...). Existen compuestos llamados *speedballs,* en los que se combinan cocaína y opiáceos. El *crack* es una variante extremadamente potente y adictiva, consistente en base libre de cocaína, que se consume fumándose bien mediante una pipa de cristal o de agua.

b) Formas de administración

Existen diversas formas de consumir la cocaína:

a. por vía nasal, inhalando (en argot se habla de «esnifar») el polvo de cocaína, que así llega rápidamente a la sangre a través de la mucosa nasal. El polvo de cocaína se dispone en forma de línea sobre una superficie lisa (la popular «raya») para ser aspirado a través de un estrecho tubo. Es el método de consumo menos peligroso, lo cual no quiere decir que se halle exento de riesgos;

b. fumada, para lo cual suele utilizarse «pasta de coca» (la concentración de cocaína alcanza el 80 por 100): es la vía de utilización del *crack*;

c. inyectada, generalmente por vía intravenosa, pues de forma intramuscular y subcutánea apenas se incorpora al organismo debido a la constricción que provoca en los vasos sanguíneos. La inyección intravenosa constituye la forma de uso más peligrosa y la que expone a mayores consecuencias adversas (abscesos y otras infecciones cutáneas, tétanos, hepatitis, endocarditis...);

d. masticada, aunque esta vía es poco usual, pues los efectos que se logran son más leves y aparecen después (hasta una hora tras el consumo).

c) Efectos sobre el organismo

Esta sustancia actúa sobre el cerebro aumentando, principal aunque no exclusivamente, las cantidades disponibles de un neurotransmisor llamado *dopamina.* Parece que, además, altera el flujo de sangre y el metabolismo de la glucosa en el cerebro.

Los efectos se manifiestan rápidamente después del consumo y también desaparecen en poco tiempo (30-60 minutos), lo cual induce a repetir el consumo con frecuencia para reproducir los efectos euforizantes de esta sustancia. Sin embargo, los rastros de los productos derivados de la cocaína pueden detectarse en sangre y orina durante períodos más prolongados.

c.1) *Efectos inmediatos (intoxicación)*

Las manifestaciones más «seductoras» de esta sustancia

son la euforia, el aumento de la sociabilidad y de la iniciativa sexual. Aparece también aumento de la presión arterial, del pulso y de la temperatura, así como dilatación de las pupilas. Incluso en dosis pequeñas, la cocaína puede desencadenar temblores, sudor frío y rechinar de dientes. Si las dosis se aumentan, pueden experimentarse náuseas, vómitos, dolores musculares, vértigo, desorientación e, incluso, convulsiones. Las consecuencias más graves de la utilización de cantidades excesivas (más de 1 gramo) consisten en alteraciones del ritmo cardíaco o incluso paradas cardíacas. Las convulsiones pueden lesionar regiones cerebrales y contribuir de esa forma a los trastornos del funcionamiento cardíaco.

Los consumidores habituales de cocaína se exponen a una gran cantidad de reacciones molestas. Así, con frecuencia manifiestan inquietud, ansiedad intensa (a veces, llegan a temer volverse locos), agitación interna, dificultad de concentración e irritabilidad. No es extraño que, para aliviar estas sensaciones, consuman alcohol o tranquilizantes. Tienden a convertirse en personas desconfiadas, a mostrarse celosos y a tener sospechas injustificadas. En casos extremos, la distorsión de la realidad alcanza extremos tan graves que los síntomas son similares a los de cierta variante de esquizofrenia, incluidas las alucinaciones: ven caras, halos, figuras distorsionadas, sienten insectos o gusanos moviéndose en su

piel... Estos síntomas, que *dependen tanto de la dosis como de la duración del consumo y de la susceptibilidad individual,* requieren tratamiento psiquiátrico, aunque suelen desaparecer pocos días después de suspender el consumo de la droga.

c.2) Efectos adversos debidos al consumo continuado

Una consecuencia característica de la inhalación prolongada son las lesiones de la mucosa nasal: congestión pertinaz, inflamación, hinchazón, hemorragias, úlceras o incluso perforación del tabique nasal. También la impotencia sexual constituye una consecuencia frecuente del uso prolongado de cocaína. La administración intravenosa conlleva la posibilidad de que aparezcan abscesos cutáneos y otras infecciones (hepatitis, endocarditis). Las impurezas que acompañan a la cocaína suponen una amenaza para los riñones. Tampoco el hígado se halla exento de riesgos, aunque suele tratarse de lesiones reversibles.

Durante el embarazo, su utilización provoca partos prematuros y niños pequeños y con cabezas de menor tamaño. Algunos estudios han detectado que, incluso, puede lesionarse el tejido cerebral en formación. El mecanismo radica en que se altera la nutrición del feto por constricción de los vasos placentarios.

d) Tolerancia y dependencia

Se ha venido discutiendo intensamente sobre si la cocaína se asocia al fenómeno de tolerancia y si produce o no dependencia física, habiéndose mantenido durante mucho tiempo la idea de que únicamente producía dependencia de tipo psíquico (o, lo que es lo mismo, que no desencadenaba síndrome de abstinencia).

Un importante número de consumidores tiende a aumentar las dosis. Lo que resulta más difícil de valorar es el motivo: si se trata de compensar la disminución de la respuesta (tolerancia), o de intensificarla (tolerancia experimental). En cuanto a la capacidad de crear dependencia física, cada vez parece más admitido que el cese brusco del consumo da lugar a un síndrome de abstinencia, tanto en los consumidores moderados como en los que utilizan mayores cantidades o combinaciones más potentes.

El potencial de abuso de la cocaína es importante. La euforia y la sensación de bienestar que provoca transitoriamente (la acción dura menos de una hora) impulsa a repetir con frecuencia el consumo. Así, cuando se ha experimentado con animales, se ha constatado que éstos se la autoadministran hasta llegar incluso a provocarse la muerte. En el caso de los seres humanos, existen factores psicológicos —la expectativa sobre el estado que se va a lograr— que refuerzan los mecanismos exclusivamente biológicos y, consecuentemente, la tendencia al consumo reiterado de esta sustancia.

d.1) Síndrome de abstinencia

Incluso tras cualquier intoxicación aguda, aparecen alteraciones del estado de ánimo, ansiedad, irritabilidad, fatiga, incapacidad de sentir placer, aumento de la necesidad de sueño, incremento del apetito y, en ocasiones, agitación e incluso ideas suicidas. En los casos de consumo leve o moderado, estas alteraciones aparecen en 18 horas. Cuando el consumo es más importante y se ha desarrollado dependencia, los síntomas de abstinencia pueden prolongarse una semana, alcanzando la máxima intensidad entre el 2.º y el 4.º día. En este período, el deseo de consumir droga (craving) suele ser muy intenso, y, en ocasiones, los afectados recurren a automedicarse con diversas sustancias (alcohol, tranquilizantes...) para aliviar las molestias.

2.2.7 Alcohol

a) Descripción y variantes de la sustancia

El alcohol es una droga antigua. La fermentación era conocida ya por las antiguas civilizaciones agrícolas. A través de la historia, las sociedades han concedido al alcohol una posición privilegiada, rodeando su uso de restricciones como el tiempo, el lugar, la circunstancia. En la Biblia, se censura la embriaguez, y el Islam prohíbe por completo la ingesta de alcohol. Incluso en un contexto no religioso, la costumbre de brindar sólo en ocasiones especiales constituye una reliquia de un estatus especial disfrutado por esta droga en tiempos pasados. La fácil disponibilidad de licores destilados y la erosión de las protecciones culturales alrededor del uso del alcohol han tenido efectos devastadores hasta convertir el alcoholismo en problema de salud pública en muchos países desarrollados, como en España o antes en Inglaterra (cuando, en el siglo XVIII, se introdujo la ginebra barata de los Países Bajos).

La fermentación es el proceso por el que las levaduras transforman el azúcar en alcohol etílico. El proceso se autolimita, pues las levaduras y sus enzimas se destruyen cuando la concentración de alcohol alcanza alrededor del 12 por 100. Concentraciones superiores sólo pueden obtenerse añadiendo alcohol, o mediante la destilación (que consiste en hervir la mezcla fermentada). De esta manera se obtienen licores de alta graduación (vodka, ginebra, whisky..., que contienen hasta 50°), vinos, que oscilan entre 12°-20°, y la cerveza, alrededor de 3°-6°.

b) Formas de administración

Principalmente oral, en forma de diversas bebidas, cuyo contenido alcohólico varía. Cabe destacar que ciertas presentaciones, llamadas «sin alcohol», siempre contienen ciertas cantidades, aunque sean mínimas.

c) Efectos sobre el organismo

c.1) *Efectos inmediatos (intoxicación)*

La intoxicación por alcohol es un estado conductual característico, fácilmente medible y casi siempre relacionado con la dosis ingerida, salvo en las denominadas «embriagueces patológicas». Desde la primera copa se alteran las funciones mentales y las actividades psicomotoras: desciende el rendimiento en pruebas que exigen cálculos, agilidad mental, vigilancia... Otros efectos resultan más subjetivos: estado de ánimo eufórico, relajación, pérdida de inhibiciones, locuacidad y aumento de la sociabilidad. Si la cantidad se incrementa, aparecen alteraciones del equilibrio (por la acción sobre el cerebelo); el habla se vuelve incoherente y farfullante, y las perturbaciones de la conducta se hacen más severas. De la desinhibición se llega a la fanfarronada y a la agresividad (las estadísticas muestran la dramática relación entre el abuso de alcohol y las peleas y homicidios). Si se consumen dosis todavía mayores, se provoca sedación profunda, con depresión de la respiración, que puede llegar al coma.

c.2) *Efectos adversos debidos al consumo continuado*

A largo plazo, el abuso de alcohol resulta sumamente negativo para casi todos los órganos. El hígado puede llegar a desarrollar desde inflamaciones (hepatitis) hasta cirrosis. Al funcionar deficientemente el hígado, se dificulta la capacidad de coagulación de la sangre, con el consiguiente riesgo de hemorragias. Las venas del esófago y del estómago se congestionan y pueden acabar rompiéndose. También se lesiona el páncreas, existiendo posibilidad de producirse dolorosas pancreatitis. Se altera el funcionamiento hormonal, lo que se traduce en irregularidades menstruales, disminución de la potencia sexual y de la fertilidad, así como desaparición del deseo sexual y aumento de las mamas en los hombres (ginecomastia). Por otro lado, los efectos a largo plazo sobre el tejido nervioso desembocan en pérdida de sensibilidad, dolores (neuritis) y disminución de la capacidad mental (demencia) que se acompaña de otros trastornos neurológicos.

Durante el embarazo, los efectos sobre el feto resultan dramáticos. En conjunto, se engloban bajo la denonicación de *síndrome fetal alcohólico*: pueden producirse abortos, pero si el embarazo progresa, el recién nacido suele tener bajo peso y alteraciones peculiares: cara plana, labio superior fino, malformación de ojos y nariz; el crecimiento posterior se ralentiza y pueden aparecer diversos grados de retraso mental, hiperactividad, déficits de atención y problemas de aprendizaje.

d) Tolerancia y dependencia

Se requiere desarrollar un patrón de consumo caracterizado por la frecuencia y las grandes cantidades. A la mayoría de los consumidores habituales moderados no les gusta llegar a la embriaguez. Entre las señales que indican dependencia destaca el consumo matutino que se precisa para evitar los síntomas de la abstinencia (molestias gástricas, temblores, sudoración nocturna...).

d.1) Síndrome de abstinencia

Es de los más graves y puede llegar a ser mortal. Se caracteriza por inquietud, alteraciones de todas las constantes vitales (tensión arterial, frecuencia cardíaca, temperatura) e importantes modificaciones mentales, con las características alucinaciones visuales del *delirium tremens.*

2.2.8 Nicotina

a) Descripción y variantes de la sustancia

Aunque el tabaco ha sido un artículo de comercio durante siglos, comenzó a ser sustancia adictiva destacada sólo en este siglo. Pipa, puro, rapé y tabaco masticado eran los vehículos principales de la autoadministración de nicotina hasta la segunda década del siglo XX. Varios avances tecnológicos abrieron el camino a la popularización del cigarrillo: en primer lugar, una nueva manera de secar el tabaco hizo el humo menos irritante, haciendo la inhalación tolerable; en segundo lugar, la mecanización de la producción del cigarrillo en la década de 1880 aumentó la capacidad productiva, creando un incentivo para ampliar el mercado; en tercero, las cerillas, inventadas a mediados del siglo; y en cuarto, el perfeccionamiento de las técnicas de publicidad y mercado de masas. Las mujeres se incorporaron al consumo de cigarrillos, doblando el mercado potencial debido a los cambios sociales. La adicción a la nicotina llegó así a convertirse en un problema de salud pública.

Alrededor del 1 por 100 del peso de la hoja de tabaco es nicotina. La nicotina fumada se absorbe a través de las membranas de la boca en el caso de los fumadores de pipa y puros. Los fumadores de cigarrillos suelen inhalar profundamente, y retienen el humo en los pulmones antes de exhalarlo.

b) Formas de administración

La nicotina pasa de la sangre a todo el cerebro, pero sólo actúa donde encuentra determinados receptores que son específicos (receptores nicotínicos). No se conoce exactamente el mecanismo bioquímico de acción, pero podría ser que estimulase la liberación de dopamina en el *núcleo accumbens,* produciendo una respuesta similar a la de cocaína y opiáceos; aumenta concentraciones de noradrenalina y adrenalina, de cortisol, de endorfinas, todas ellas sustancias estimulantes. La primera administración suele ser poco agradable, produciendo náuseas, taquicardia, debilidad e incluso desmayos. Por este motivo, se pensó en principio que no era adictiva. Por eso, la tolerancia se desarrolla lentamente, pero, una vez inducida, la conducta adictiva resulta muy persistente. En animales de laboratorio se ha demostrado que, incluso

después de un período de abstinencia, el animal vuelve a autoadministrarse la droga con gran avidez. El componente psicoactivo del tabaco es la nicotina, que ejerce su efecto actuando sobre los receptores nicotínicos. Un 25 por 100 de la nicotina fumada llega a la sangre y alcanza el cerebro en unos 15 segundos. Su vida media es de unas dos horas.

c) Efectos sobre el organismo

Resultan muy sutiles. La nicotina alivia el estrés y la ansiedad, reduce la frustración y la cólera y los sentimientos agresivos, y promueve un agradable estado de relajación. Incluso se ha sugerido que puede aliviar estados depresivos crónicos. Puede objetivarse igualmente mejora en la concentración y en la atención, aunque ello pudiera ser consecuencia de la reducción de la ansiedad. Pequeñas dosis de nicotina no producen efectos en los procesos mentales o psicomotores.

c.1) *Efectos inmediatos (intoxicación)*

La nicotina resulta muy tóxica. En dosis elevadas (60 mg frente a los 0,5 mg que contiene un cigarrillo) puede producir parálisis respiratoria. En dosis más bajas, náuseas, vómitos, hipersalivación, palidez, debilidad, dolor abdominal, diarrea, mareos, dolor de cabeza, aumento de la tensión arterial, taquicardia, sudores fríos, temblor, dificultad de concentración, confusión y alteraciones sensoriales.

c.2) Efectos adversos debidos al consumo continuado

A largo plazo, las consecuencias de fumar han sido contrastadas reiteradamente con múltiples estudios. Hay sobradas evidencias de la relación con el cáncer de pulmón (riesgo veinticinco veces mayor de muerte que en los no fumadores). La tasa de mortalidad por este cáncer aumenta proporcionalmente al número de cigarrillos fumados diariamente, pero la contrapartida positiva es que el daño es reversible, y que, si se deja de fumar, también disminuye el riesgo de padecer el cáncer. La bronquitis y el enfisema son las dos enfermedades no cancerosas provocadas por el fumar, no por la nicotina directamente, sino por los compuestos que se queman junto con ella. El tabaco se relaciona también poderosamente con alteraciones de los vasos sanguíneos, endureciendo las paredes (arterioesclerosis), con todos los riesgos que ello implica (aumento de la tensión arterial, infartos cardíacos y cerebrales, pérdida de extremidades entre otros). En las embarazadas, aumenta el riesgo de partos prematuros y de bebés con menos peso al nacer, así como riesgo de diversas enfermedades e incluso de retraso mental. Tampoco se libran los fumadores pasivos (se ha demostrado que tienen nicotina en la sangre): tienen más infecciones respiratorias y otras patologías, como el asma, y parecen tener también más riesgo de padecer cáncer de pulmón. En conjunto, el *General Surgeon* norteamericano (es decir, el ministro de Sanidad de Estados Unidos), apuntaba los siguientes alicientes sanitarios para dejar de fumar, porque «siempre se está a tiempo de reducir los riesgos»:

a) Dejar el tabaco tiene efectos beneficiosos sobre la salud de las personas de todas las edades y mejora el estado de las mismas, estén sanas o enfermas.

b) Los ex fumadores viven más años que los sujetos que siguen fumando.

c) Al abandonar el consumo de tabaco, disminuye paulatinamente el riesgo de padecer cáncer de pulmón, infartos o enfermedades respiratorias crónicas.

d) Las mujeres que dejan de fumar antes del embarazo o en el primer trimestre reducen los riesgos para su hijo.

e) El conjunto de beneficios de abandonar el tabaco supera con creces el aumento de peso que se produce o los efectos psicológicos negativos que se puedan notar.

d) Tolerancia y dependencia

Se desarrolla rápidamente, potenciado por factores sociales (mediados, por ejemplo, por la publicidad). Un adicto fuma entre 10 y 50 cigarrillos al día. Cada uno de ellos está ligado a un momento, lugar y actividad (el primer café, la sobremesa...), que actúan como elementos de refuerzo. Algunos estudios han detectado un posible componente genético favorecedor del desarrollo de dependencia. Las recaídas son muy frecuentes.

d.1) Síndrome de abstinencia

Intenso deseo de consumir, tensión, irritabilidad, dificultades de concentración, somnolencia y otros trastornos del sueño, disminución de la tasa cardíaca o de la presión sanguínea, aumento del apetito y del peso, torpeza motora y aumento de la tensión muscular. Aparecen rápidamente, incluso dos horas después del último cigarrillo, con un pico en las 24-48 horas siguientes. A veces surgen con intensidad leve cuando se cambia a cigarrillos con menor concentración de nicotina.

2.2.9 Tranquilizantes (ansiolíticos)

a) Descripción y variantes de la sustancia

Los sedantes o ansiolíticos son sustancias que reducen la tensión subjetiva e inducen tranquilidad mental. Se incluyen en este grupo las llamadas benzodiacepinas y los barbitúricos. Existen un gran número de sustancias pertenecientes al primer grupo con diferentes nombres comerciales. Son prescritas en gran parte de los casos por parte de los propios médicos para el tratamiento de diversos trastornos (ansiedad, epilepsia, contracturas musculares, anestesia...). Existe también un importante tráfico clandestino de las mismas (Tranxilium®, Trankimazin®, Rohipnol®...). El abuso y dependencia se da tanto en consumidores de otras drogas (sobre todo consumidores de opiáceos) como

en personas en tratamiento por ansiedad crónica.

Actúan sobre el complejo del receptor tipo A del GABA, un neurotransmisor cerebral. La eficacia de esta acción (flujo de cloro hacia el interior celular) disminuye con la administración prolongada de estas sustancias.

b) Formas de administración

Básicamente por vía oral, en forma de pastillas, cápsulas... Pueden utilizarse de forma ocasional o durante determinados períodos para lograr relajación, intensificar las relaciones sexuales y una sensación de discreta euforia. Los consumidores crónicos suelen ser personas de mediana edad y de clase media, con prescripción facultativa y detección tardía del abuso.

En casos menos frecuentes, el uso se realiza por vía intravenosa, que hace que la tolerancia y la dependencia se desarrollen antes.

c) Efectos sobre el organismo

c.1) Efectos inmediatos (intoxicación)

Desinhibición conductual, con posibilidad de conductas hostiles y agresivas, sobre todo si se han mezclado con alcohol.

La sobredosis accidental no resulta frecuente. Más habitual es la intoxicación voluntaria con finalidades suicidas. Se produce letargia, ataxia, confusión y depresión de la TA, el pulso... La muerte no es frecuente, pues el margen de seguridad es bastante amplio, salvo combinación de distintos sedantes y alcohol. Existe antídoto específico: el flumacenil (Anexate®).

d) Tolerancia y dependencia y síndrome de abstinencia

La gravedad de la abstinencia resulta muy variable en función de la dosis y de la duración del consumo. Pueden aparecer síntomas incluso cuando se han tomado dosis bajas y durante períodos cortos. Varía el período de tiempo que tardan en aparecer los síntomas desde la interrupción del consumo: desde 2-3 días hasta 5-6, en el caso del diazepam, por ejemplo.

Los síntomas incluyen: ansiedad, disforia, intolerancia a la iluminación brillante y a los ruidos, náuseas, sudores, tirones musculares y posibles crisis convulsivas.

2.2.10 Cafeína

a) Descripción y variantes

Forma parte de muchas bebidas (café, té, coca-cola, otros refrescos), comidas (chocolate, cacao) y medicinas. Una taza de café contiene alrededor de 100-150 mg de cafeína; el té, como mucho, un tercio de esa cantidad.

b) Formas de administración

Principalmente al tomar alimentos o medicamentos. La vida media es de 3 a 10 horas, alcanzándose la máxima concentración a los 30-60 minutos. Llega con facilidad al cerebro, donde interfiere sobre el funcionamiento de las neuronas, estimulándolas.

c) Efectos sobre el organismo

c.1) Efectos inmediatos (intoxicación)

Incluso a dosis bajas, produce cierta euforia. Cuando las dosis son más altas, aumentan la ansiedad y alteran negativamente el estado de ánimo.

La cafeína produce sensación (subjetiva, no objetivable) de aumento de la atención y el rendimiento. También estimula la diuresis, los movimientos intestinales y eleva la tensión arterial. La intoxicación (más de 250 mg) se manifiesta por inquietud motora, ansiedad, irritabilidad, sensación de sacudidas musculares, enrojecimiento facial, náuseas, diuresis, malestar gástrico, pinchazos en manos y pies, aumento de la transpiración e insomnio.

No están demostradas lesiones orgánicas por el consumo a largo plazo. Durante el embarazo, un consumo elevado de café (más de diez tazas al día) puede desencadenar partos prematuros, abortos, anomalías cromosómicas, malformaciones congénitas, dificultad respiratoria y problemas cardiocirculatorios en el feto.

d) Tolerancia y dependencia

Se ha demostrado que existe tolerancia para algunos de sus efectos y la aparición de síntomas de abstinencia.

d.1) Síndrome de abstinencia

Puede aparecer hasta en el 50 por 100 de los consumidores habituales de café. Los síntomas más comunes son dolor de cabeza y fatiga. Menos habituales resultan la irritabilidad, la ansiedad, ligeros síntomas depresivos, torpeza motriz, náuseas, vómitos, deseo de consumir, dolores musculares y rigidez. Suelen aparecer en las 12-24 horas tras dejar de consumir. Su máxima intensidad se alcanza a las 24-48 horas y desaparecen en una semana.

2.2.11 Inhalantes

a) Descripción y variantes de la sustancia

Disolventes, pegamentos, aerosoles, pinturas, combustibles (gasolinas...). Los principios activos son los hidricarburos, tolueno, benceno... Son sustancias legales, baratas y fáciles de conseguir. La frecuencia de su uso ha aumentado.

b) Formas de administración

Se inhalan, penetrando principalmente por la nariz pero también por la boca, directamente desde el recipiente, llegan a los pulmones y de allí, rápidamente, al cerebro. Se potencian con el alcohol. No se conoce con exactitud el mecanismo de acción. Suelen emplearse durante períodos cortos, en clases sociales muy bajas y por personas con bajo nivel intelectual.

c) Efectos sobre el organismo

El inicio es rápido y breve (comienza a los cinco minutos y persiste aproximadamente treinta).

c.1) Efectos inmediatos (intoxicación)

En dosis bajas se manifiesta desinhibición, sensación de euforia, de «estar flotando»; temores, alucinaciones auditivas, distorsión de la imagen corporal; ralentización del habla, alteración de la marcha; apatía, disminución del rendimiento laboral y social, alteración de la capacidad de juicio, conducta impulsiva y agresiva (puede haber amnesia posterior); enrojecimiento nasal, olor, restos de inhalantes, irritación de ojos, garganta y nariz; náuseas, visión doble, anorexia, nistagmus. En dosis altas, puede existir pérdida de conciencia. En los casos más graves aparece depresión respiratoria, arritmias cardíacas y muerte, asfixia.

A largo plazo surgen daños renales, hepáticos y musculares por rotura de las fibras, lesión del tejido cerebral (disminución del nivel intelectual), alteraciones cardiopulmonares (dolores), síntomas gastrointestinales (náuseas, vómitos, sangrado).

d) Tolerancia y dependencia

No está probada la existencia de tolerancia.

d.1) Síndrome de abstinencia

Es inusual y se caracteriza por alteraciones del sueño, irritabilidad, nerviosismo, sudoración, náuseas, vómitos, taquicardia, a veces ideas delirantes y alucinaciones.

2.2.12 Otros

Anabolizantes esteroideos

Inicialmente pueden producir euforia e hiperactividad,

pero después, tras un corto período, aparece irritabilidad, cólera (con episodios de gran violencia), aumento del estado de alerta, hostilidad, ansiedad y depresión. En ciertos casos (hasta un 15 por 100), podrían desencadenarse psicosis. Físicamente, provocan aumento de la masa muscular, acné, calvicie prematura, crecimiento del pecho, desarrollo exagerado y doloroso de genitales, detención precoz del crecimiento. En las mujeres, la voz se hace más grave, se reduce el volumen de los senos, estiramiento del clítoris y alteraciones menstruales. Al dejar de consumirse, se sienten síntomas de depresión, ansiedad y preocupación exagerada por el estado físico.

El uso predomina entre deportistas, pero entre un tercio y la mitad son jóvenes no deportistas que inician el consumo (alrededor de los 16 años) influidos por los medios de comunicación.

Nitritos (poppers)

Se emplean inhalados. Provocan euforia, alteración de la percepción del tiempo, sensación de plenitud mental y posiblemente intensificación de las sensaciones sexuales. El consumo predomina en homosexuales con el fin de reducir inhibiciones, retrasar el orgasmo o dilatar el esfínter anal.

Los efectos adversos que producen son: náuseas, vómitos, dolores de cabeza, hipotensión, ahogo, irritación del tracto respiratorio. Es posible que alteren el sistema inmunológico.

Óxido nitroso (gas de la risa)

Produce sensaciones de plenitud mental, de «estar flotando». Su utilización prolongada provoca a veces cuadros de confusión mental (delirium) o paranoia.

Miscelánea

Nuez moscada, semillas de dondiego, nébeda, betel, kava o el uso indebido (y con fines no terapéuticos) de ciertos medicamentos menos habituales que los tranquilizantes (antiparkinsonianos, antihistamínicos).

3

¿UN MUNDO SIN DROGAS?

La eliminación de drogas constituye una meta utópica, pues, como muestra la historia, resulta difícil que las personas renuncien a una práctica que alivia las tensiones y da placer; más aún cuando la sociedad estimula y respalda tales hábitos. Más realista y factible resulta la aspiración de que los individuos tengan mayor capacidad para hacer frente con responsabilidad a la oferta que reciben, consumiendo cualquier droga de manera controlada, o, incluso, para que no sientan la necesidad de tomarlas en la medida que desplacen el interés hacia actividades lúdicas o relajantes alternativas, y hacia otras vías de resolución de los conflictos internos.

El objetivo general de la prevención del uso indebido de drogas es, según la Unesco, «evitar o reducir, en la medida de lo posible, la utilización extramédica de las drogas que causan dependencia, o buscar la reducción de la incidencia y la gravedad de los problemas individuales y sociales vinculados con el empleo indebido de estas sustancias». Este concepto incluye los siguientes aspectos:

• El de evitar el consumo indebido de éstas (lo que técnicamente se conoce como prevención primaria).

• El de identificar precozmente a los usuarios y para conseguir que interrumpan este hábito (o prevención secundaria).

La intervención sobre el consumo de sustancias puede plantearse en varios niveles. Cada uno de ellos exige planteamientos diferentes, que no deberían resultar excluyentes sino complementarios:

• Reducir la disponibilidad, procurando que la oferta de drogas tanto legales como ilegales esté controlada.

• Disminuir la demanda, aspecto que incluye considerar y actuar sobre las motivaciones y factores que inducen a buscar los efectos de estas sustancias.

• Capacitar a las personas para que, en el caso de que lleguen a usar drogas, lo hagan de una forma responsable, sin abusar de ellas.

• Minimizar los hipotéticos problemas asociados al consumo de drogas que pueden sufrir aquellos sujetos que ya las consumen (contagios, desempleo, delitos...).

Existen diferentes modelos en la concepción de las estrategias de prevención, cuya aparición se corresponde con un progresivo perfeccionamiento de los conocimientos relacionados con el problema de las adicciones, pero más todavía con la concepción que se tenga del fenómeno de las drogodependencias.

3.1 La represión como norma

Durante mucho tiempo, se ha concentrado el esfuerzo en las medidas represivas, dirigidas a combatir el tráfico de las drogas calificadas de ilegales. Esta vía de intervención se puede denominar *enfoque ético-jurídico*, que se sustenta en la consideración de que el abuso de drogas ilegales es una conducta delictiva que la sociedad debe castigar para impedir que se extienda. El punto de mira, por consiguiente, se centra en el individuo como principal responsable y en la droga como agente corruptor. La amenaza y las sanciones, además de la información alarmista, son los principales instrumentos de prevención que proponen los defensores de este modelo, cuya finalidad es aislar al afectado y lograr que las drogas ilícitas queden fuera del alcance de la gente.

El discurso político y las intervenciones puestas en práctica siguen dominadas por este paradigma prohibicionista, caracterizado por una división de las drogas en legales e ilegalizadas, que nada tiene que ver con motivos sanitarios y sí mucho con cuestiones económicas y de control social. El soporte principal de este modelo de acción son los diversos convenios internacionales (principalmente los suscritos en Viena en 1971 y en 1988) sobre drogas tóxicas, estupefacientes y sustancias psicotrópicas, en los cuales, tras realizarse la división entre drogas legales e ilegales, se prohibió la plantación de determinados cultivos (arbusto de coca, adormidera y la planta del cannabis), se criminalizó todo el ciclo relacionado con este tipo de sustancias (desde el cultivo y el consumo hasta la venta) y se plantearon modificaciones en los códigos penales. El resultado final fue que estos textos legales se empaparon, en el ámbito de los delitos contra la salud pública, de consideraciones morales hasta llegar, en ocasiones, a extremos increíbles, como sancionar la invitación a otros adultos para que consuman determinadas drogas.

3.1.1 Legislación y drogas en España

La legislación española sobre el tema de las drogas ha experimentado diversos cambios. Hasta el año 1973, el artículo 344 del Código Penal era una norma contenida en la sección *De los delitos contra la salud pública* y en la que únicamente se hablaba de drogas tóxicas o estupefacientes, refiriéndose a su expedición o elaboración irregular. A las drogas se las consideraba casi como medicamentos, si bien nocivos para la salud y, por ello, más necesitados de control. En 1973 se introdujeron modificaciones que han ido derivando hasta la normativa actual, progresivamente más represiva. Previamente a la referida reforma se había promulgado la Ley de Peligrosidad Social (1970), en la que los toxicómanos (es decir, los consumidores) eran considerados personas potencialmente peligrosas, susceptibles de ser obligadas a tratamiento o encierro, independientemente de que hubieran cometido delito alguno.

La reforma de 1973 del artículo 344, adaptada al Convenio de Viena de 1971, castigaba el tráfico de drogas tóxicas, sin distinguir entre las que causan grave daño a la salud y otras (para lo cual se remitía a las listas elaboradas por el Convenio Único suscrito bajo los auspicios de la ONU). Esta ley otorgaba amplias facultades al juez para aumentar o disminuir el grado de la pena. En la práctica, la condena se rebajaba cuando la sustancia requisada era únicamente hachís o se subía si la cantidad decomisada era importante, o si se trataba de heroína. El aspecto más discutible de esta reforma radicaba en que incluía dentro del concepto de tráfico la mera tenencia de droga, aunque fuera en pequeña cantidad y destinada al consumo personal. Esta circunstancia se despenalizó posteriormente —aunque con ambigüedades— mediante sucesivas sentencias del Tribunal Supremo. El 25 de junio de 1983 se remodeló nuevamente el polémico artículo para adaptarlo a la jurisprudencia generada por las referidas sentencias del citado Tribunal. Con esta iniciativa se limitaban las atribuciones del juez, y se distinguía entre drogas gravemente lesi-

vas para la salud y el resto, rebajándose las penas en función de tal separación. Se preveían agravamientos cuando la droga se distribuía entre menores de 18 años, en centros docentes, militares o establecimientos penitenciarios, o si la cantidad distribuida era importante.

La Ley Orgánica de 24 marzo de 1988 supuso un cierto retroceso en los planteamientos previos. Se modificó el artículo 344 y se introdujo el 344 bis. Aumentaban las penas previstas para cualquier clase de tráfico y, a la vez, se introducía la figura de la «remisión condicional de la pena» (artículo 93 bis). Paralelamente, aunque no dentro de la misma ley, se creó la Fiscalía especial para la prevención y represión del tráfico ilegal de drogas. Ya en 1985 se había diseñado el Plan nacional de lucha contra la droga, adscrito al Ministerio de Sanidad, que posteriormente pasó a depender del de Bienestar Social y, por último, del Ministerio del Interior. Estos cambios de titularidad ilustran con claridad cómo se han desplazado las preocupaciones de los aspectos sanitarios a los policiales.

La escalada represiva se agravó con la llamada «ley Corcuera» (Ley Orgánica de Seguridad Ciudadana), de 21 de febrero de 1992. Si en 1983 se había despenalizado la tenencia de droga para consumo propio, con el artículo 25 de esta ley se vuelve a considerar delito de carácter administrativo, pues se considera «infracción grave» a la seguridad ciudadana. A su vez, el artículo 23 de esta normativa considera también falta grave «la tolerancia del consumo ilegal [...] o la falta de diligencia en impedirlo». Todas estas formulaciones recuerdan actitudes y juicios propios de la época de la ya citada Ley de Peligrosidad Social.

Artículo 25 de la «ley Corcuera»

1. Constituyen infracciones graves a la seguridad ciudadana el consumo en lugares, vías, establecimientos o transportes públicos, así como la tenencia ilícita, aunque no estuviera destinada al tráfico, de drogas tóxicas, estupefacientes o sustancias psicotrópicas, siempre que no constituya infracción penal, así como el abandono en los sitios mencionados de útiles o instrumentos utilizados para su consumo.

2. Las sanciones impuestas por estas infracciones podrán suspenderse si el infractor se somete a un tratamiento de deshabituación en un centro o servicio debidamente acreditado, en la forma y por el tiempo que reglamentariamente se determine.

El último eslabón del endurecimiento legislativo ha sido la reforma del 23 de diciembre de 1992, previa al nuevo Código Penal, que ha entrado recientemente en vigor. En el *Código penal de la democracia,* las conductas delictivas relacionadas con las drogas se contemplan dentro del título XVII del Libro II, denominado «De los delitos contra la seguridad colectiva», en concreto en el artículo 368.

En este artículo se sancio-nan los actos de cultivo, elaboración o tráfico, o aquellos que de cualquier modo promuevan, favorezcan o faciliten el consumo ilegal de drogas tóxicas, estupefacientes o sustancias psicotrópicas, así como a las personas que las posean con semejantes fines. Es el enunciado «de cualquier otro modo», el más polémico y el que amplía desmesuradamente la penalización de la invitación o la cesión de drogas para el consumo individual, estableciendo límites muy difusos entre auténticos comportamientos delictivos y simples desviaciones. Los artículos 360 y 370 del nuevo Código consideran las penas para situaciones que se consideren agravantes (introducción de drogas en centros asistenciales, utilización de menores de 16 años para cometer estos delitos, o cuando los implicados sean jefes, administradores o encargados de organizaciones que se dediquen a difundir estas sustancias ilegales).

Las multas establecidas se recogen en el artículo 377. A diferencia del código anterior, en el que las sanciones económicas estaban limitadas por la propia ley, en el nuevo éstas se calculan en función del valor final del producto requisado o de la ganancia obtenida (entre el doble y seis veces). En el artículo 371 se prevé la persecución de la síntesis, transporte, distribución, comercio o tenencia de los elementos precursores en la fabricación de sustancias prohibidas de acuerdo con la Convención de Viena de 1988.

Entre las novedades aportada por este Código se encuentra la consideración de la eximente total (artículo 20.2) o incompleta (21.2) en delitos cometidos en estado de intoxicación, tanto por drogas ilegales como por la ingestión de bebidas alcohólicas, si el afectado no ha provocado la intoxicación con la intención de realizar la infracción. El artículo 102 contempla el internamiento del penado en un centro de deshabituación público o privado, durante un tiempo que no superará el de privación de libertad impuesta.

También se tiene en cuenta la suspensión de la condena a personas drogodependientes (artículo 87), en condiciones menos restrictivas que en el código anterior (artículo 93). En concreto, se eximirá de la misma cuando no exceda de tres años y siempre que se certifique suficientemente que el condenado se encuentra deshabituado o sometido a tratamiento. La contrapartida exigida es que el sujeto no vuelva a delinquir durante el plazo de suspensión de la pena (un mínimo de tres años y un máximo de cinco).

La evolución legislativa se ha traducido en un número creciente de detenciones de consumidores por presunto tráfico, con requisamiento de la sustancia, así como de los objetos utilizados para llevar a cabo el consumo. Ha conducido a prisión a pequeños traficantes y consumidores y ha supuesto la marginalidad y el control policial de numerosas personas, sin que ello haya significado la disminución del número de drogodependientes.

3.1.2 ¿Es ésta la dirección más apropiada?

El enfoque prohibicionista, la postura más tradicional y, quizá, demasiado simplista, ante el consumo de tóxicos, ha sido intensamente cuestionado por múltiples sectores, que abogan por sustanciales transformaciones en la consideración sociojurídica de este tema, defendiendo, incluso, la legalización del consumo de cualquier tipo de droga. En esta lucha se apoyan en argumentos variados.

Los efectos colaterales de la política prohibicionista no sólo están condicionando aspectos sanitarios, sino también la mayoría de los ámbitos de la vida social. En base a esta política, Estados Unidos, por ejemplo, ha militarizado determinadas naciones latinoamericanas y ha supeditado las ayudas económicas a la adopción de determinadas medidas «supervisadas» por el vecino del norte. Esta injerencia en la soberanía de los Estados erosiona derechos y libertades fundamentales, y está arruinando las economías de los referidos países, al serles impuesta como alternativa la sustitución de cultivos tradicionales por otros, lo cual, en último término, se ha convertido en una forma de manipulación política [1].

---

[1] HENMAN, A. (1996): «¿Reducción o agravamiento de daño? El impacto en el mun-

En este sentido, se percibe que es la prohibición, y no la droga en sí, la que fomenta que se desarrollen multitud de conductas criminales (cohecho, prevaricación, asesinatos, lesiones, contrabando...).

Por otra parte, insistimos en que la criminalización del tráfico de algunas drogas, pese a la cantidad de medios destinados a tal fin, no ha impedido el aumento ni del consumo ni del tráfico de sustancias, mientras que ha desencadenado realidades gravemente perjudiciales: el crimen organizado y la corrupción asociada, la explotación del consumidor, la conversión de éste en delincuente y el agravamiento de la violencia contra el patrimonio y contra las personas.

En concreto, desde hace tiempo, la salud de muchos reclusos consumidores de drogas se está deteriorando al no permitírseles hacer uso de jeringuillas hipodérmicas bajo el pretexto de que en las cárceles no existen drogas. Por el contrario, otras fuentes informan de que el 70 por 100 de los presos españoles son drogodependientes, y hasta el 80 por 100 de éste grupo, portador del virus de inmunodeficiencia humana, a pesar de lo cual siguen consumiendo drogas en el interior de la prisión en condiciones que no garantizan la mínima higiene, multiplicando los riesgos sanitarios que se asocian habitualmente al consumo.

En el fondo de todo este planteamiento se halla una determinada moral sobre las sustancias que se deben consumir y las que no, además de los intereses económicos y políticos relacionados con tal imposición. Una moral que asiduamente se ha confundido con la perspectiva científica y ha tendido a despreciar y a estigmatizar los planteamientos alternativos, demostrando desconfianza por un debate realista en torno de las políticas sobre drogas. Existen investigaciones que analizan el prohibicionismo de ciertas drogas como estrategia o cruzada para justificar políticas criminalizadoras y de encubrimiento de las causas estructurales de ciertos problemas sociales.

Por ello, cada vez son más frecuentes las manifestaciones en favor de la despenalización. La iniciativa más reciente ha surgido en la cumbre antidroga de la Asamblea General de Naciones Unidas, en base al siguiente planteamiento: «Persistir en las actuales políticas se va a traducir solamente en un mayor abuso de las drogas, en un mayor fortalecimiento del narcotráfico y de los criminales que lo controlan» [2]. Las premisas aducidas en este documento son las siguientes:

• La demanda de consumo

do en vías de desarrollo de la política de drogas de los países desarrollados. Profundización en el debate sobre la normalización de la cuestión droga», en X. ARANA y R. DEL OLMO (comp.): *Normas y culturas en la construcción de la «Cuestión Droga»*, Barcelona, Hacer, pág. 62
[2] *El País*, domingo 4-7-98.

crece. La droga está a disposición de quien quiera obtenerla. Más cara o más adulterada, nunca le falta la dosis a quien la necesite y pueda pagarla.

• Origina y consolida poderosas mafias de narcotraficantes con un poder económico sin parangón en toda la historia de la criminalidad. Sus altos y medios cargos eluden fácilmente la persecución penal. El poderío económico de los *capos* les permite corromper instituciones esenciales en las democracias: fuerzas de seguridad, estamento judicial, políticos, círculos financieros...

• Obliga a delinquir. Agrava la marginación social de una buena parte de los consumidores que no poseen medios para adquirir la droga, lo que les obliga a realizar actividades asociales o a caer en la delincuencia.

• Los procesos por droga desbordan los juzgados y llenan las cárceles. La simple prohibición refuerza las mafias carcelarias conectadas al suministro de drogas a los presos.

• Repercute negativamente en el común de la población, sobre la que recae el inusitado aumento de la delincuencia dirigida a procurarse dinero para adquirir droga. Bastantes padecen asimismo medidas indiscriminadas de control de esa delincuencia poco respetuosas con los principios del Estado de derecho, como son las redadas masivas o los reconocimientos anales y vaginales.

• A diferencia de lo que es habitual en nuestra sociedad entre ciudadanos adultos, no se respeta el principio de que la salud sólo puede ser protegida con el consentimiento de la persona afectada.

• La prohibición imposibilita el control estatal sobre la producción y venta, lo que convierte la droga en un producto de escasa calidad que origina daños tan importantes a la salud como las muertes por sobredosis o adulteraciones; o la propagación de enfermedades como el sida o la hepatitis.

• En cuanto a los efectos internacionales de la penalización, se prohíben drogas que forman parte de la cultura de determinados países y se fomentan otras que le son ajenas.

Esta declaración ha sido suscrita por intelectuales de todo el mundo y por treinta magistrados españoles. Uno de ellos, Emilio Berlanga, declaraba [3]: «Estamos ante un callejón sin salida. El adicto necesita droga. El mercado se la proporcionará, sea o no legal. Al tratarse de un negocio incontrolado, le llegará en pésimas condiciones y a precios disparatados. Lo primero le convertirá en un enfermo, o, en el peor de los casos, en un muerto por sobredosis; lo segundo es una puerta abierta a la delincuencia, ya que el adicto roba y atraca para pagarse la dosis. La penalización presenta consecuencias terribles».

Pero, al parecer, nuestros políticos no sintonizan demasiado con las propuestas de esta declaración, y siguen anclados a las políticas de penalización y represión, considerando estas proposiciones «un disparate pasado de moda». La idea de que la legalización no solucionaría

---

[3] *El País*, 4-7-98.

el problema del narcotráfico, la comparten la mayoría de los 160 países que han participado en la citada cumbre antidroga, cuyas conclusiones apuntan que la lucha contra la droga implica las campañas de prevención y represión, sustitución progresiva de los cultivos de coca y adormidera, y la persecución del blanqueo del dinero del narcotráfico.

Los defensores de las medidas represivas aducen, entre otros, los siguientes argumentos:

• Las drogas son nocivas; pueden incluso matar, y el Estado tiene la obligación de velar por la salud y la seguridad de los ciudadanos.
• La legalización no repercutiría en un mejor control sanitario, pues los riesgos no se hallan únicamente en los componentes adulterados sino en la acción de las drogas mismas.
• En caso de desaparecer las restricciones legales, las mafias responsables de la fabricación, distribución y venta no desaparecerían sino que, simplemente, regularizarían su situación o, en el peor de los casos, seguirían actuando clandestinamente. En todo caso, la nueva situación no garantizaría que se dejase de especular con estas sustancias.
• De la misma forma, no disminuiría la delincuencia desencadenada por la necesidad de dosis mayores.
• Tampoco disminuiría la utilización de drogas al eliminarse el tabú, dado que muchos consumidores actuales lo hacen por motivos distintos a la rebeldía.

3.2 Informar y educar para prevenir

La experiencia internacional ha demostrado que de poco sirve luchar contra el tráfico ilegal si, al mismo tiempo, no se adoptan medidas para reducir la demanda. Por otro lado, en términos estrictamente prácticos, la educación preventiva sistemática resulta más rentable que los programas de tratamiento y rehabilitación.

3.2.1 Cómo y para qué informar

El primer instrumento de la prevención es la *información*. Ésta debe proporcionar el conocimiento básico acerca de las drogas y de las razones de su consumo. El conocimiento genera habitualmente la *motivación* para prescindir de estas sustancias, lo cual, a su vez, influye en las *actitudes* y en los *comportamientos*. Pero para lograr cambios decisivos y duraderos en la conducta se requieren además ciertas destrezas y principios vitales: responsabilidad, capacidad de comunicación, de postergación de las satisfacciones, de reflexión, de toma de decisiones; y, por otro lado, tener garantizadas determinadas condiciones de vida y contar con opciones entre las que elegir.

Por ello, la educación preventiva, además de proporcionar información objetiva y equilibrada, debe facilitar a los jóvenes las capacidades y los medios necesarios para el desarrollo personal e impulsar todo tipo de actividades que puedan ser opciones alternativas al consumo indebido de drogas.

Un programa de información sobre drogas debería alcanzar los siguientes objetivos: proporcionar a los destinatarios un conocimiento no distorsionado sobre las potencialidades tanto benéficas como nocivas de las drogas que están a su alcance, y hacerles comprender las causas psicosociales que generalmente motivan que se recurra a las drogas. En este sentido, para cumplir su propósito preventivo, la información sobre las drogas tendría que adecuarse a ciertos principios básicos:

1. *No exagerar ni mentir.* La información debe ser objetiva y desapasionada para resultar creíble y estimuladora de la reflexión racional, en lugar de provocar temores exagerados. «Las inexactitudes, las verdades a medias, las generalizaciones excesivas y el sensacionalismo matan la credibilidad. Lo que se diga ha de guardar relación con lo que vive la gran mayoría de los consumidores de drogas»[4]. Si la credibilidad falla, cunden la desconfianza y la duda generalizada. Para ser fiable, la información no puede ser dogmática ni categórica, sino compleja como la realidad misma. Las campañas sensacionalistas, aparte de no resultar útiles, pueden convertirse incluso en contraproducentes, estimulando el consumo de los adolescentes en la medida que

«tientan» su espíritu de aventura y de riesgo.

2. *No identificar drogas y juventud.* En ciertos casos, establecer relaciones causales entre el consumo de drogas y el inconformismo o la rebeldía juvenil ha contribuido a convertir este hábito en símbolo de la reacción contra la pasividad, la falta de crítica y la hipocresía de los adultos.

3. *No discriminar entre drogas legales e ilegales.* Resulta inútil y poco honesto negar o ignorar que ciertos tóxicos legales pueden resultar más lesivos que otros consignados como ilegales. Es más convincente presentar las drogas en función de los efectos dañinos que causan en el organismo y del peligro de dependencia que implican, que solamente en relación con las penalizaciones contempladas en la normativa vigente.

4. *No recurrir, en lo posible, a la información tipo «manual de uso»,* es decir, la que se limita a describir los tipos de drogas y los distintos aspectos relacionados con las formas de consumirlas. Tal vez esta estrategia sólo conseguiría despertar la curiosidad acerca de las mismas y animar al consumo.

3.2.2 Educar, un paso más

La información desempeña un papel destacado en el proceso de prevención, pero ni mucho menos es el único o el más importante. En última instancia, la decisión de to-

[4] HOWLIS, H. (1975): *La verdad sobre la droga,* París, Unesco, pág. 57.

mar o no una droga depende mucho más de otros factores (actitudes personales, presiones grupales, valoraciones sociales...). Ello explica que sectores bien informados, como los profesionales de la sanidad, figuren entre los colectivos con mayor índice de consumo en casi todos los países. Desde el conocimiento de la realidad hasta la toma de decisiones, existe todo un conjunto de variables donde entran en juego las tensiones y conflictos propios de cada momento evolutivo, en particular de la adolescencia, que influyen en la resolución final con mayor fuerza que la información. Todos los factores individuales y sociales complementarios a la simple información sobre las sustancias y las consecuencias de su uso conforman el ámbito propiamente dicho en que debe actuar la educación.

La educación constituye uno de los aspectos fundamentales; incluso, puede resultar el más trascendente en la labor preventiva, ya que, entre los factores que intervienen en el uso indebido de drogas, la educación apunta al usuario, a sus motivaciones. El origen del problema no es la droga en sí misma, por peligrosa que sea, sino la persona que la necesita. Puesto que, como ya se ha dicho, acabar con las sustancias adictivas resulta utópico, hay que aprender a convivir con ellas. El objetivo de la educación preventiva es que el rechazo del individuo sea resultado, más que del miedo o del deseo de complacer a otro (el educa-

dor, la familia, la ley), de una elección libre que no se vivencie como privación innecesaria o inútil.

Con la educación se pretende superar la simple transmisión unilateral de información. Su objetivo es la formación de la personalidad de los jóvenes para que sean capaces de enfrentarse a sus problemas y de vivir experiencias satisfactorias o placenteras sin necesidad de drogas; o, lo que es lo mismo, pretende convertirse en una experiencia de maduración, potenciadora del desarrollo intelectual, emotivo, psicológico y fisiológico equilibrado de los estudiantes. A través de ésta se quiere, por un lado, que el joven comprenda en qué consiste y a qué necesidades responde el uso inadecuado de drogas, pero también se aspira a enseñarle formas de decir «no» a la oferta que se le haga, así como a proponerle opciones para que pueda satisfacer sus diferentes necesidades sin recurrir a sustancias químicas.

Para formar actitudes razonables frente a las drogas y, en general, con objeto de desarrollar una personalidad resistente a posibles influencias negativas para el equilibrio físico o psicológico (ansiedad, dependencia excesiva de personas o grupos, aislamiento...) se precisa la combinación, entre otros elementos, de:

• La adecuada dosificación de conocimientos relacionados con las drogas.
• Las pertinentes actividades de clarificación de valores.

• La asunción positiva de decisiones en situaciones conflictivas.
• El fundamental desarrollo de la comunicación.
• El imprescindible fomento de la autoestima.

La forma más eficaz de abordar el problema de la droga es aquella que hace más hincapié en los aspectos afectivos (sentimientos y motivaciones) que en los puramente cognoscitivos. El doctor Alain Cohen, uno de los especialistas estadounidenses con mayor experiencia en la prevención de drogas, defiende así los nuevos planteamientos: «En el pasado recurrimos a una estrategia negativa basada en el miedo. La estrategia nueva que parece ser mucho más efectiva actúa desde un punto de vista positivo: partimos de la premisa de que la persona no necesita drogas. Las nuevas estrategias destacan el desarrollo emocional e intelectual de tal manera que, aunque las drogas sean baratas y fáciles de obtener, la gente diga «no las necesito»[5].

Algunos programas diseñados con este espíritu han demostrado ya su eficacia en colegios de educación secundaria neoyorquinos de zonas con gran riesgo. Las metas concretas del referido programa eran:

a) Mejorar la comunicación entre los alumnos, profesores y padres.
b) Crear un marco para

que los jóvenes aprendan a apreciarse a sí mismos.
c) Ayudarles a resolver problemas personales y a tomar decisiones con autonomía.
d) Poner a su disposición opciones interesantes de tipo intelectual (debates, grupos de trabajo, actividades científicas...), cultural (música, danza, pintura, teatro...) y recreativo (deportes, paseos, conmemoraciones festivas...).

En nuestro ámbito también se han realizado ya algunas evaluaciones de determinados programas de prevención. En concreto, la llevada a cabo sobre el Programa de prevención de drogodependencias (PPD) en centros educativos de la Comunidad de Madrid ha ofrecido los siguientes datos acerca de los alumnos incluidos en el PPD, comparados con los de un grupo de control[6]:

• Tienen actitudes más negativas hacia el consumo de drogas.
• Reconocen el tabaco y el alcohol como drogas.
• Creen que las drogas son peligrosas y su consumo preocupante.
• Asumen la peligrosidad del abuso de alcohol.
• No opinan que el alcohol ayude cuando se tienen problemas.

El análisis de esta evaluación arroja los siguientes resultados globales del programa:

[5] Citado por MASSÚN, E. (1991): *Prevención del uso indebido de drogas*. México, Trillas, pág. 88.
[6] ALVIRA, F. (coord.) (1998): «La evaluación de resultados del PPD», *Escuela y salud*, núm. 20, mayo: 2-5.

• Reducción del número de consumidores de alcohol.

• Reducción del alumnado que ha probado otras drogas.

• Retraso en el primer contacto con el tabaco.

3.2.3 La escuela, ámbito idóneo para la prevención

La prevención del abuso de sustancias en el ámbito escolar se incluye dentro de una concepción integral de la educación, es decir, aquella que presta atención a todas las dimensiones de la persona y no exclusivamente a las intelectuales.

Ante las continuas incitaciones sociales al consumo y la crisis de la familia como grupo formativo, la escuela puede ser uno de los ámbitos más idóneos para llevar a cabo la educación preventiva del consumo de tóxicos, porque:

• Actúa sobre las personas en una fase del proceso de maduración en que la intervención del adulto tiene una gran incidencia.

• Es uno de los principales agentes de socialización, junto con la familia y el grupo de iguales, bien reforzando las actitudes generadas en ellos o bien modificándolas en aquellos casos que se requiera.

• Abarca el período en que los alumnos están sometidos a mayores cambios y momentos de crisis, que los exponen a múltiples riesgos entre los que destaca el consumo de drogas.

• Cuenta con la ventaja de la obligatoriedad de la escolarización hasta los dieciséis años, lo cual implica que por ella deben pasar todos los sujetos durante el período más importante en la formación de la personalidad.

• Resulta un espacio ideal para detectar precozmente posibles factores de riesgo o casos de consumo.

Tras años de experiencias aisladas, la educación sobre las drogas se ha incorporado a las aulas ya con carácter oficial, a través de lo que se conoce como *temas transversales,* concretamente en la llamada *Educación para la salud* e, incluso, en la *Educación del consumidor,* cuyos fines generales, en lo referente a esta problemática, se podrían concretar en:

• Proporcionar a los alumnos los recursos y capacidades necesarios para enfrentarse de forma adecuada a las situaciones relacionadas con el consumo de drogas, tanto cuando aún no se ha producido como una vez que éste ya se ha dado.

• Promocionar la salud, formando actitudes positivas hacia su mantenimiento y mejora.

• Fomentar actitudes favorables al no consumo, demostrando lo innecesario de éste.

• Favorecer la capacidad crítica de los alumnos ante esta problemática.

• Educar a los estudiantes para una utilización positiva del tiempo de ocio, ofreciendo alternativas satisfactorias.

• Retrasar, si no es posible evitar, la edad de inicio en el consumo de drogas.

La inclusión de la educación preventiva del consumo de drogas, y en general de la *Educación para la salud* dentro de las materias escolares, ofrece como primera ventaja la exigencia legal de que todo lo relacionado con estas cuestiones sea tratado de manera sistemática y no circunstancial.

Sería demasiado extenso abordar todos los posibles campos en los que puede trabajar la educación sobre drogas. Baste señalar algunos aspectos relacionados de forma genérica (y coherentes, en gran medida, con los fijados en programas educativos ya experimentados con éxito, como alguno citado anteriormente):

• Animar al individuo a resistir la presión que el grupo puede ejercer sobre él, capacitándole para distinguir aquellas situaciones en las que no ceder a la misma resulta imprescindible (por las consecuencias de las mismas), aunque ello suponga recibir críticas negativas.
• Potenciar la capacidad de establecer relaciones grupales no dependientes.
• Estimular la reflexión y la crítica ante las informaciones recibidas de amigos, la publicidad, etcétera.

La educación acerca de las drogas tiene cabida desde los primeros años de la escolaridad, aunque lógicamente debe introducirse respetando las preocupaciones y riesgos propios de cada momento evolutivo. En cuanto a la secuenciación de contenidos en función de la edad, los expertos sugieren, basándose en estudios epidemiológicos, que:

• A los más pequeños (hasta los diez años) no se les hable de las drogas de forma directa, excepto si ellos preguntan; los contenidos se centrarían en el riesgo de las sustancias venenosas o tóxicas, en el empleo adecuado y controlado de medicamentos, de golosinas, de pegamentos, etcétera.
• Entre los diez y los catorce años, el núcleo de la programación se basaría en las drogas legales (alcohol y tabaco), incidiendo en sus riesgos y en la modificación de ciertos tópicos que fomentan su consumo.
• Sólo a partir de los catorce años se introducirían, explícita y sistemáticamente, aspectos relacionados con las drogas ilegales, tratándose ya cuestiones como: ¿qué es una droga?; ¿cómo se usa?; ¿por qué la gente se droga?...

En el caso concreto de la formación sobre las drogas, uno de los aspectos clave que se ha incorporado es el aprendizaje de *técnicas de resistencia a las presiones*, o, dicho más sintéticamente, la formación para que el adolescente sepa decir «no» cuando se le ofrezca una droga, con todo lo que ello implica de reforzamiento previo de la propia personalidad y autoestima, para no sentir que tal negativa implica ser diferente o que por ello se autoexcluya del grupo. Algunas de las técnicas didácticas que se han revelado eficaces para conseguir cambios de actitudes frente a las drogas son: los debates en clase, las actividades dirigidas a la mejora de la propia valoración, a la resolución de conflictos y a la dilucidación de valores.

Sugerencias de actividades para la educación sobre las drogas

• *La discusión en clase o debate*

Las confrontaciones verbales en clase resultan útiles en la

medida en que sirven para poner en crisis las actitudes negativas y en que permiten que sean sustituidas por otras más positivas. Este tipo de actividad puede realizarse con el conjunto del grupo o subdividiéndolo en subgrupos pequeños que faciliten la interacción. El profesor/a actúa de facilitador de los intercambios entre los estudiantes, modificando su papel tradicional. La puesta en común de opiniones favorece la clarificación de los propios valores y la argumentación eficaz en el seno del grupo, ayudando a interiorizar que el disentir pueda ser positivo y no deba interferir negativamente en la relación constructiva con los otros.

• *Técnicas para mejorar la autoestima*

Estas estrategias didácticas comprenden un conjunto variado de técnicas verbales y no verbales encaminadas a desarrollar la confianza en uno mismo y en el grupo, a reconocer sentimientos (alegría, afecto, enojo...) y a compartirlos con otros, a valorar las diferencias individuales. Puede ser útil: reforzar los éxitos por pequeños que parezcan, ayudar a encontrar la faceta positiva de los fracasos, mostrar interés por las inquietudes, aficiones, gustos, etc., de los estudiantes.

• *Dilucidación de valores (dilemas morales)*

Se trata de proponer situaciones o de realizar simulaciones a través de las cuales los estudiantes han de plantearse qué es lo más importante para ellos, cómo pueden llegar a fijar su propia jerarquía de prioridades, y comprobar si su conducta se ajusta a tal esquema. El proceso consta de varias fases:

a) elección entre diversas opciones, tras analizar las consecuencias previsibles de cada una de ellas.
b) constatación y manifestación explícita de la satisfacción con la opción elegida.
c) actuación acorde con lo escogido.

Para llevar a cabo este proceso, se puede disponer de distintos tipos de actividades. Las más utilizadas son: el *role-playing* (o adopción de determinados papeles), consistente en la dramatización, sin guión preestablecido, de una situación imaginaria en la que se plantea una elección conflictiva en torno a las drogas; la resolución de problemas (o toma de decisiones) y el estudio, individualizado o en grupo, de un determinado asunto o conflicto, empleando estrategias diferentes y complementarias (revisión bibliográfica, entrevistas, investigación de campo...) para, finalmente, redactar un informe a modo de conclusión.

3.2.4 Información y educación en y para la familia

La influencia de la familia resulta determinante, tanto en la constitución de la identidad personal como en el desarrollo de pautas de relación con los otros. Existen modos de relación con los hijos que pueden favorecer la adquisición de conductas adictivas: la sobreprotección, la falta de comunicación, la dificultad para fijar límites, el consumo excesivo de drogas por parte de los propios padres, la sobreexigencia, la restricción de la autonomía, los conflictos familiares frecuentes... Modificarlos es responsabilidad de padres y madres, aunque la ayuda y orientación de los docentes (por ejemplo, desde las tutorías) puede convertirse en especialmente útil.

Es importante que en la familia no se censuren dogmáticamente ciertas posturas (por ejemplo, la defensa de la despenalización del consumo, la valoración como enfermos de los afectados, la matización entre uso y abuso, etc.) ni existan temas tabú. Los padres y las madres han de estar dispuestos a escuchar opiniones que no les gusten. Ello no quiere decir que las acepten, sino que permitan que sean expresadas sin que surja un grave conflicto o se genere tensión. Sólo si los padres conocen las opiniones de sus hijos/as podrán influir en ellas. Afirmaciones tajantes del estilo de «En esta familia no puede existir nadie que no piense que las drogas son malas», cierran cualquier posibilidad de conocer la opinión y las preocupaciones sinceras de los hijos. Los adultos quedarán contentos y (falsamente) tranquilos porque no escucharán lo que no desean oír, pero nunca podrán influir en sentido positivo sobre los comportamientos de los más jóvenes.

En la familia se debe evitar que las conversaciones acerca de estos temas sean coercitivas o parecidas a un interrogatorio inquisitorial. Resulta más provechoso un intercambio bilateral, en el que predominen las preguntas abiertas sobre otras muy dirigidas o cerradas (¿quién te ofreció la droga?; ¿cuándo?...), e intercalar comenta-

rios, informaciones y opiniones entre las preguntas.

También resulta fundamental elegir el momento adecuado para sacar el tema. En principio, debe abordarse siempre que ellos pregunten, aunque sorprenda o incluso asuste hacerlo. También se pueden plantear conversaciones más formales, aprovechando situaciones concretas que se prestan más a este tipo de intercambios: una información en la televisión o en otro medio de comunicación, un suceso ocurrido a un amigo/a, la «reprimenda» tras una borrachera... Pero tampoco conviene abusar planteándolo cada vez que surge la oportunidad, ya que podría suceder que los hijos se sintieran demasiado presionados y se negaran a próximas conversaciones. En este sentido, se detectan dos situaciones contrapuestas, e igualmente contraproducentes, en las familias:

• Que los padres quieran contar todo lo que consideran importante en una sola conversación y no concluir hasta que el hijo muestre su asentimiento. Con esta actitud se corre el riesgo de que la cantidad de mensajes expuestos haga que sean menos efectivos, bien porque el joven no pueda asimilarlos todos, bien porque se sienta acosado y «desconecte» para acabar cuanto antes con la «charla».
• Que los padres contesten de manera vaga y poco consistente por la propia ansiedad que les genera el tema.

Como síntesis, cabe afirmar que el tratamiento en las familias de cuestiones relacionadas con las drogas debe ser continuado y nunca ocasional ni casual. En ocasiones, se deberá concluir una conversación para que el hijo tenga oportunidad de reflexionar sobre lo hablado. En otras, se tendrá que confrontar (confirmando o contradiciendo) las ideas que tiene el joven, ayudándole a que las razone desde otra perspectiva y revisando la evolución de sus opiniones a medio y largo plazo.

Indicaciones para fomentar la prevención en la familia

a) No esquivar el diálogo ni escudarse detrás de convicciones que tan sólo pretenden preservar la autoridad.

b) Tratar de promover un ambiente acogedor, cómodo y agradable.

c) Evitar el autoritarismo o la sobreprotección excesiva.

d) No ocultar o mantener al margen de los hijos aquellas cuestiones que les incumben a ellos (preocupación sobre sus opciones futuras o acerca de determinadas conductas poco comprensibles desde el punto de vista de los adultos, entre otras).

e) Tener en cuenta las opiniones de los jóvenes, favoreciendo que se sientan queridos, respetados, útiles y necesarios.

f) Evitar las contradicciones con el cónyuge en lo que se refiere a las normas de convivencia familiar.

g) Proponer ideas a los hijos con el objeto de que logren un ocio constructivo y estimularles para que busquen por sí mismos alternativas agradables y no destructivas para el tiempo libre.

Cuando la familia descubre que alguno de sus miembros consume drogas, suelen desencadenarse fuertes respuestas emocionales con ciertos patrones comunes: sentimientos de culpabilidad, de defensa, desconcierto, reproches entre sus miembros... Tras la incredulidad, aparece la angustia y la depresión. Toda la familia entra en crisis, quedando bloqueadas las pautas de funcionamiento habituales. Es frecuente que se produzcan reacciones en las que:

• Toda la relación familiar se centre en la problemática del hijo adicto, y el resto de las cuestiones queden supeditadas a ello.

• Se acreciente la dificultad para poner límites a la conducta del hijo, lo que revierte en un mayor distanciamiento del consumidor de drogas y la desautorización de los padres por parte de éste.

• Aparezcan dificultades y conflictos en el equilibrio psicológico de alguno o todos los restantes miembros del colectivo familiar.

• Se pongan de manifiesto conflictos que ya existían pero que estaban solapados.

Cabe sugerir algunas pautas para afrontar estos momentos difíciles:

• Intentar descubrir la realidad y no dar por hecho el consumo hasta que no se sepa con seguridad. Es fundamental que los padres intervengan con sutileza hasta que tengan certeza de que el hijo consume drogas. Se deben evitar las precipitaciones que puedan radicalizar la situación.

• Mantener o recuperar los canales de comunicación y aprovechar las señales o detalles que el joven deja entrever, a veces intencionadamente (comentarios, frases aparentemente casuales...), para entablar el diálogo.

• Actuar con cautela y tacto, desdramatizando lo que quizá sea una utilización ocasional. El uso esporádico de sustancias tóxicas no debería llevar a etiquetar al joven como «toxicómano» o «drogadicto». Las actitudes respetuosas y serenas resultan más eficaces que las reacciones trágicas o moralistas. Conviene evitar que se cree un clima de desconfianza o de sospecha con el que se dificulte el diálogo y disminuya la credibilidad del adulto.

• Informarse y adquirir conocimientos objetivos sobre el tema. No se puede hablar ni aconsejar y mucho menos moralizar y dogmatizar, acerca de lo que se desconoce. Conocer la realidad sobre estas cuestiones resulta, pues, imprescindible.

• Vigilar, controlar y desconfiar en exceso es contraproducente, al igual que registrar las pertenencias del adolescente o encargar a terceras personas que realicen averiguaciones. Tras adquirir el conocimiento previo adecuado, no conviene forzar el tema. Resulta más conveniente aprovechar ocasiones concretas de la vida cotidiana, relacionadas de algún modo con el problema (noticias, ciertos incidentes, algún comentario...).

• En caso de que el consumo sea dudoso, no obligar al joven a asistir a médicos o especialistas sin antes cerciorarse de cuál es la situación. No obstante, primero conviene tratar de hacerle ver el riesgo de tal acción o conducta, dejando lugar, en la medida de lo posible, a que la decisión de pedir ayuda sea tomada por él o ella.

3.3 Aspectos terapéuticos

En lo concerniente a las intervenciones terapéuticas existen diversas propuestas que se concretan en dos opciones. Por un lado, la de aquellos que opinan que la curación total es imposible, que «únicamente puede producirse un apartamiento temporal». Por otro, la de los que defienden que la recuperación de jóvenes drogadictos es posible, que la curación de la toxicomanía existe. Las distintas apreciaciones pueden deberse a varios factores. Uno de ellos sería la diferente valoración (enfermo, delincuente) que se otorga al drogadicto. Otro, los objetivos que se proponen.

El tratamiento del toxicómano, una vez identificado, se basa en dos principios simples aunque de difícil consecución:

• Hacer todo lo necesario para conseguir que deje de consumir drogas.
• Realizar las intervenciones necesarias para que no empiece a consumirlas de nuevo.

El proceso se estructura de forma progresiva en tres momentos —desintoxicación, deshabituación (con o sin fármacos) y reinserción—, que atienden a los distintos aspectos del problema y cuyas características varían de unas sustancias a otras.

Mediante la desintoxicación se pretenden paliar de forma inmediata las alteraciones producidas en el organismo por la dependencia (síndrome de abstinencia, «mono»), abordándose a más largo plazo la faceta psicosocial. En este terreno se busca dotar al sujeto de habilidades que le permitan mantenerse alejado del consumo de drogas, así como proporcionarle la estabilidad social que le convierta en un ciudadano pleno.

Recursos para tratar el alcoholismo

• *Grupos de alcohólicos anónimos:* Es una asociación formada por voluntarios. Se basa en el apoyo mutuo y la responsabilidad individual. El programa de actuación consta de 12 pasos durante los cuales se mantiene la abstinencia total.
• *Grupos de familiares:* por ejemplo, AL-ANON.
• *Tratamientos farmacológicos:* Tranquilizantes, antidepresivos, aversivos (disulfiram, cianamida), naltrexona, acamprosato (disminuyen el deseo de beber).
• *Psicoterapias* de diversa orientación.

Directrices para el tratamiento del tabaquismo

1. No pienses que tendrás que estar toda la vida sin fumar. Piensa en dejar de fumar sólo por el día presente.
2. Evita estar en contacto con objetos que te recuerden el tabaco.
3. Estar con personas que fuman a tu alrededor te hará sentir deseos de fumar. Es algo que hay que aprender a controlar.
4. Ten siempre a mano algo para picar o masticar. Fruta fresca, zanahorias, chicles sin azúcar, etcétera.
5. Durante el día hay muchos momentos que te inducen a fumar: los pequeños descansos en el trabajo, la toma del aperitivo, el café... Ten cuidado.

6. Cuando sientas el deseo imperioso de fumar, relájate, respira hondo, retén el aire todo el tiempo que sea posible, expúlsalo. Repite esta operación varias veces.
7. Lee con frecuencia tu lista de razones para no fumar.
8. Es importante que te des cuenta de los beneficios inmediatos que te está produciendo el abandono del tabaco.
9. Felicítate cada día que pasa, porque, esta vez, seguro que vas a conseguir dejar de fumar.
10. No cedas nunca. Ni siquiera por un solo cigarrillo. Es una trampa.

Fármacos

1. Sustitutivos de la nicotina: chicles o parches de nicotina.
2. Antagonistas de la acción de la nicotina.
3. Sustancias que alivian los síntomas de abstinencia, sobre todo la clonidina.
4. Antidepresivos.

Bases para tratar la dependencia de la cocaína

Puede llevarse a cabo en régimen ambulatorio, en hospitales o en comunidades terapéuticas. Globalmente, hay que señalar que no existen datos consistentes sobre la eficacia de ningún tratamiento. Las variantes que se han estudiado son:
• *Tratamiento conductual de descondicionamiento*, dirigido a disminuir el deseo de consumir mediante «sesiones de extinción», que consiste en la exposición repetida a escenas de consumo.
• *Tratamiento con fármacos*: Se han utilizado antidepresivos, naltrexona, buprenorfina...
• *Tratamiento con anticuerpos*: Se trata de una técnica introducida recientemente. Consiste en inyectar anticuerpos

que se unen específicamente a la cocaína y la destruyen.

Los enfoques que se han dado al tratamiento de las toxicomanías (de forma característica las debidas a opiáceos: heroína, por ejemplo) son numerosos y, en gran medida, de carácter empírico. Varían desde lo puramente farmacológico (metadona, naltrexona, dextropropoxifeno...) a lo psicológico (técnicas individuales de inspiración psicoanalítica o conductista, psicoterapia de grupo, etc.), del régimen ambulatorio (en los centros de atención al drogodependiente, pisos supervisados con diferentes matices según el momento del proceso...) al internamiento (en unidades de desintoxicación o, posteriormente, en comunidades terapéuticas). Las más populares y controvertidas son las basadas en el empleo de metadona y las comunidades terapéuticas.

Las primeras consisten en la sustitución por otro opiáceo, la metadona, que crea igualmente dependencia, aunque más leve. Como es obvio, tal técnica no resulta una panacea, y su utilización sólo está justificada en programas estrictamente regulados. Con todo, se trata de una opción con un protagonismo creciente, en el contexto de la llamada política de reducción de daño, surgida tras el fracaso de los programas que se basaban en la abstinencia total de la sustancia *(drug-free)*.

Las comunidades terapéuticas generalmente prescinden en sus planteamientos del uso de cualquier fármaco. En ellas, el toxicómano emprende un nuevo tipo de vida, apartado de su ambiente habitual. La meta es conseguir la maduración personal y social a lo largo de un proceso escalonado y controlado generalmente por ex toxicómanos. La objeción más fuerte que se ha hecho a esta modalidad es que no reintegra al drogadicto a su «medio natural».

Bases para el tratamiento de la dependencia de la heroína o de sustancias relacionadas

1. *Durante el síndrome de abstinencia:* Puede usarse un opiáceo sustitutivo, la metadona; también se utilizan fármacos que bloquean ciertos receptores adrenérgicos, especialmente la clonidina. Por último, analgésicos no opiáceos y ansiolíticos.

2. *Mantenimiento:* Puede afrontarse:

• sin fármacos, en régimen ambulatorio o en comunidades terapéuticas;
• con antagonistas de los efectos de los opiáceos, la llamada naltrexona;
• sustituyendo la heroína por otro opiáceo que dure más en la sangre. En esta estrategia se incluyen los programas de mantenimiento con metadona (entre 60-80 mg/día) o, más recientemente, otro opiáceo sintético de mayor duración aún, llamado LAAM, cuya ventaja es que no necesita ser administrado diariamente.

No se debe olvidar que el objetivo final del tratamiento consiste en la reincorporación del sujeto a un ambiente normalizado, lo cual supone reestructurar relaciones sociales y actividades, ofreciendo alternativas laborales y de ocio que propicien vivencias positivas. En este proceso de rehabilitación constituye un factor clave superar la condición de ex toxicómano y recobrar el estatuto de ciudadano pleno.

En la actualidad, la opción más aceptada son programas amplios, que integran distintas alternativas terapéuticas, aplicándose una u otra de acuerdo con las características particulares de cada individuo y sin plantear premisas inflexibles, como la abstinencia absoluta. Los llamados *programas de reducción de daños y riesgos* pretenden disminuir las consecuencias nocivas (infecciones, criminalidad, etc.), recurriendo a estrategias paliativas o de sustitución, durante períodos prolongados, por drogas dispensadas de forma controlada. El ejemplo paradigmático lo constituyen los programas de mantenimiento con metadona, cuya implantación no se generalizó hasta los años ochenta y más tardíamente en España, donde durante mucho tiempo se ha restringido casi totalmente la administración de esta terapia sustitutiva.

Cualquiera de las modalidades de intervención señaladas fracasará o verá reducidas sus posibilidades si no se basa en la propia iniciativa del toxicómano. Esto no quiere decir que su fuerza de voluntad tenga que ser el único apoyo del proceso. La decisión del toxicómano debe verse reforzada por la intervención de otras personas que sean capaces de proporcionarle razones que impulsen su decisión. En este sentido, resulta útil examinar los recursos con que se cuenta antes de iniciar el tratamiento.

Test de recursos personales

	Sí	No
1. ¿Tiene amigos íntimos con los que pueda contar?		
2. ¿Es miembro de algún grupo social no marginal?		
3. ¿Cree que su familia le apoya?		
4. ¿Vive solo o con personas no adictas?		
5. ¿Dispone de un trabajo regular en que se encuentre a gusto?		
6. ¿Ha consumido drogas durante un tiempo inferior a un año?		
7. ¿Ha consumido drogas durante un tiempo inferior a tres años?		
8. ¿Ha decidido dejar la droga por sí mismo, sin presiones externas?		
9. ¿Está dispuesto a hacer cambios importantes en su vida?		

Adaptado de MOTHNER, I.; WEITZ, A.: 1986, 59.

Por supuesto, es distinta la situación del alcohólico y la del heroinómano, por ejemplo. El primero cuenta con el aliciente de su reintegración social. En el caso del heroinómano, el planteamiento ha de ser más radical, porque normalmente parte de una situación marginal y, por lo tanto, lo que precisa son vías para incorporarse dignamente a su entorno. Entre los cambios que ha de realizar el sujeto se incluyen:

• Romper el patrón estímulo-respuesta que le conduce al consumo de drogas.
• Encontrar actividades alternativas, aficiones, intereses y nuevas amistades.
• Aprender a enfrentarse con la ansiedad y la depresión.
• Fortalecerse orgánicamente.
• Aceptar el cambio de relaciones producto tanto de su abuso de drogas como de sus esfuerzos por abandonarlas.

Resulta importante, en cualquier tratamiento, la actitud del terapeuta ante el toxicómano, pues su acogida puede condicionar el futuro del proceso. La comprensión de las motivaciones del enfermo a través del diálogo debe sustituir a los dogmatismos y juicios morales, pero igualmente hay que evitar la identificación ingenua, que es un medio al que puede de recurrir el paciente en algunas ocasiones. Otro ingrediente positivo es la confianza y la transmisión por parte del especialista de la seguridad de que la curación es posible, huyendo de los catastrofismos y de las posturas moralizantes. Sin embargo, se debe ser realista y contar con la elevada probabilidad —casi certeza— de que se recaiga. Llegado este momento resulta fundamental evitar manifestaciones de reprobación y, por el contrario, proporcionar al sujeto el entrenamiento para afrontar la recaída.

La familia constituye un eslabón imprescindible en el conjunto. Por un lado, los problemas dentro de este ámbito desempeñan un papel importante en el conjunto de las motivaciones que sustentan la toxicomanía. En cualquier caso, la familia es una vía, si no única, sí importante, para la reinserción. La familia interferirá negativamente, por ejemplo, si se deja manipular accediendo a demandas antiterapéuticas o si se erige en cómplice involuntario en la recaída en el consumo (comprando «la última dosis», por ejemplo). Una vez que la persona afectada ha decidido iniciar el tratamiento para dejar las drogas, el entorno más próximo debería:

• Negarse a cualquier chantaje.
• No desentenderse del problema y comprometerse con el tratamiento.
• Evitar los reproches acerca de situaciones pasadas y no desconfiar de las posibilidades del adicto para cumplir con el tratamiento.
• No desanimarse si las expectativas iniciales no se cumplen.
• Solicitar la ayuda de especialistas para que asesoren sobre el proceso que hay que seguir.
• Plantear metas razonables y progresivas.
• Mantener unas normas de convivencia flexibles.
• No reaccionar con violencia o reproches ante una recaída.

ALGUNAS DIRECCIONES DE INTERÉS

Asociación Proyecto Hombre: Osa Mayor, 19 / 28023 MADRID / 91-3570104.

Acción Familiar: Glorieta de Quevedo, 7-6.º dcha. / 28015 MADRID / 91-4461011.

Ambit Prevenció: Aribau 154, izda. 2. / 08036 BARCELONA / 93-2371376.

Asociación Dianova: Finca Los Naranjos / 31520 CASACANTE (Navarra) / 948-3691912.

Asociación Luzámada: García Gutiérrez, 13 / 11130 CHICLANA (Cádiz).

Asociación Nacional para Información, Formación, Animación y Desarrollo (IFAD): Mayor, 4-4 / 02001 ALBACETE / 967-240612.

Asociación de Intervinientes en Comunidades Terapéuticas: Gran de Gracia, 239-1-1 / 08012 BARCELONA / 93-2376824.

Fermad: Conde de Romanones, 9-4 / 28012 MADRID / 91-3694508.

Fundación de Ayuda Contra la Drogadicción: Avda. de Burgos, 1-3 / 28036 MADRID / 91-3024048.

Fundación para la Atención a las Toxicomanías de Cruz Roja Española: Rafael Villa s/n / 28023 MADRID / 91-3354433.

Grupo Igia: Aribau, 258 / 08008 BARCELONA / 93-4152599.

Instituto de Reinserción Social: Capellans, 2 / 08002 BARCELONA / 93-3173294.

Sociodrogalcohol: Vía Augusta, 229 bajo / 08021 BARCELONA / 93-2019856.

Sociedad Española de Toxicomanías: Numancia, 207-bajo / 08034 BARCELONA / 93-2806102.

Unión Española de Asociaciones y Entidades de Atención al Drogodependiente: Silva, 6-7 / 28013 MADRID / 91-5424966.

BIBLIOGRAFÍA

ALGREN, N. (1984): *El hombre del brazo de oro.* Barcelona, Orbis.

ALVIRA, F. (coord.) (1998): «La evaluación de resultados del PPD», *Escuela y salud,* n.º 20, mayo: 2-5.

ARANA, X.; MÁRQUEZ, I. (coord.) (1997): *Los agentes sociales ante las drogas.* Madrid, Dykinson.

CÁNOVAS, G. (1997): *Adolescencia y drogas de diseño.* Bilbao, Mensajero.

CASTOLDI, A. (1997): *El texto drogado.* Barcelona, Anaya & M. Muchnick.

COLEMAN, V. (1988): *Adictos y adicciones.* Barcelona, Grijalbo.

COMAS, D. (1996): *Los jóvenes y el uso de drogas en la España de los años 90.* Madrid, Ministerio del Interior.

DIRECCIÓN GENERAL DE JUVENTUD Y PROMOCIÓN SOCIOCULTU-RAL (1980): *Juventud y droga en España.* Madrid, Ministerio de Cultura.

ESCOHOTADO, A. (1994): *Aprendiendo con las drogas.* Barcelona, Anagrama.

ESCOHOTADO, A. (1997): *Historia de las drogas.* Madrid, Alianza.

FUNES, J. (coord.) (1991): *Drogodependencias e incorporación social.* Plan Nacional sobre Drogas. Madrid, Ministerio del Interior.

FUNES, J. (1998): *Drogas y adolescentes.* Madrid, Aguilar.

GAMELLA, J. F. (1997): «Heroína en España (1977-1996)», *Claves,* n.º 72, mayo: 20-30.

GAMELLA, J. F.; ÁLVAREZ ROLDÁN, A. (1998): *Drogas de síntesis en España. Patrones y tendencias de consumo.* Plan Nacional sobre Drogas. Madrid, Ministerio del Interior.

GOLDSTEIN, A. (1994): *Adicción.* Madrid, Científico-Médica.

HOWLIS, H. (1975): *La verdad sobre la droga.* París, Unesco.

LAHUERTA I MONTOLIU, A.; LLORET I GRAU, T. (1994): *Drogas, síntomas y signos.* Barcelona, Octaedro.

LAMO DE ESPINOSA, E. (1983): «Contra la nueva prohibición: los límites del derecho penal en materia de tráfico y consumo de estupefacientes», en *Boletín Informativo del Ministerio de Justicia,* 1.303.

MASSÜN, E. (1991): *Prevención del uso indebido de drogas.* México, Trillas.

MOTHNER, I; WEITZ, A. (1986): *Cómo abandonar las drogas.* Barcelona, Martínez Roca.

Plan Nacional sobre Drogas (1996): *Actuar es posible. La prevención de las drogodependencias en la comunidad escolar.* Madrid, Ministerio de Interior.

Plan Nacional sobre Drogas (1997): *Memoria 1996*. Madrid, Ministerio del Interior.

REPETTO, M. y otros (1985): *Toxicología de la drogadicción*. Madrid, Díaz de Santos.

REYZÁBAL, M. V. (1996): *La publicidad: manipulación o información*. Madrid, San Pablo.

REYZÁBAL, M. V. (1997): «Pacificar las aulas», *Cáritas*, n.º 375, julio-agosto.

REYZÁBAL, M. V.; CASANOVA, A. (1998): «Educar para la responsabilidad», *Cáritas*, n.º 383, abril.

REYZÁBAL, M. V; SANZ A. I. (1988): «Prevenir la drogadicción», *Cáritas*; n.º 273: 17-24.

REYZÁBAL, M. V.; SANZ, A. I. (1995): *Los ejes transversales. Aprendizajes para la vida*. Madrid, Escuela Española.

USO, J. C. (1997a): *Drogas y cultura de masas (1855-1995)*. Madrid, Taurus.

USO, J. C. (1997b): «Drogas y seguridad ciudadana», *Claves*, n.º 76, octubre: 59-64.

VALBUENA BRIONES, A.; LAMO GONZÁLEZ, C. (coord.) (1996): *Avances en toxicomanías y alcoholismo*. Alcalá de Henares, Universidad de Alcalá de Henares.

VEGA, A. (1992): «Modelos interpretativos en la problemática de las Drogas», *Revista Española de Drogodependencias*, 14, 4: 221-232.

VV AA (1987): *Drogadicción en el medio escolar. Necesidad de una educación para la salud*. I Congreso sobre Drogoprevención en la Escuela, Tenerife, mayo.

COLECCIÓN FLASH

This book is to be returned on or before
the last date stamped below.